
Auteur : Dubois, Michel 1943 –

Éduquer son chien et lui enseigner des Tours en 15 Minutes par Jour

Découvre la Méthode Positive Tendresse tout ne vous amusant

Mises en pages : Michel Dubois

Révision : Michel Dubois

Photos : Maurice Boudreau du studio Annie-Maurice
Eddy Mathon du studio Eddy

Dépôt légal - 1998

La Méthode Positive Tendresse

Révolutionnaire pour savoir comment dégager la bonne énergie pour bien l'entraîner tout en vous amusant

Elle comprend différentes techniques pour lui enseigner les exercices de l'obéissance, la bonne conduite et plusieurs tours amusants.

Pour bien l'éduquer, tu découvriras :

- Les trois tons de voix
- La récompense, la caresse, le compliment
- Le renforcement physique
- Le leadership
- Les 22 principes de base
- Le choix des mots-ordres
- La sélection de gestes
- L'habituer à se concentrer sur son maître
- Apprendre à rendre ton chien sociable
- L'entrainer au bruit et à la foule
- Etc, Etc,

Un livre de 140 pages émaillé de photos explicatives.

REMERCIEMENT

Je désire remercier les membres de ma famille et tous mes amis pour leur indéfectible appui tout au long de la rédaction de cet ouvrage.

Merci à mon fils Martin qui a amélioré plusieurs techniques et qui a participé à de nombreuses mises en scène avec ses chiens Daisy et Pogo.

Merci à mon amie Céline pour son encouragement lors de la révision.

Merci à mon amie Johanne pour sa précieuse collaboration.

Merci beaucoup à ma petite chienne Frimousse avec qui j'ai décortiqué les tours pour pouvoir les expliquer plus facilement.

Merci enfin à tous ceux et celles qui, avec leurs fidèles compagnons, ont prêté leur concours pour les photos que vous trouverez dans ce livre :

Richard Allaire avec Chanelle
France Bédard avec Shady
Claudette Boulanger avec Canelle et Pruno
Line Deshaies avec Lady, Shadow et Milady
Martin Dubois avec Daisy et Pogo
Sylvie Dubois avec Chuck
Michèle Henri avec Bosco et Fallone
Céline Huot avec Lili, Flash et Rifka
Marie-Claude Quesnel avec Kelly
Linda Lalonde avec Momo et Fidèle
Ginette Larochelle avec Sammy
Chantal Mercier avec Mira
Aline Shack avec Sheba et Rex
Caroline Trottier avec Rosie

Les photographies sont de Maurice Boudreau du studio Annie-Maurice et de Eddy Mathon du studio Eddy, tous deux de Rouyn-Noranda.

TABLE DES MATIÈRES

INTRODUCTION

Lorsque vous regardez un film dans lequel un animal multiplie les prouesses ou une émission de télévision où des chiens exhibent tous leurs talents, ne vous arrive-t-il jamais de penser : « Ah! Comme j'aimerais avoir un chien savant! »

Si cette pensée vous a effleuré l'esprit un jour, ce livre s'adresse à vous. Vous y découvrirez ma technique révolutionnaire personnelle qui comprend différentes méthodes pour enseigner les exercices d'obéissance et plusieurs tours à votre chien tout en vous amusant.

Et qui sait ? Peut-être aurez-vous envie de monter votre propre spectacle ou de proposer les services de votre chien pour tourner des annonces publicitaires à la télévision. Peut-être même deviendra-t-il une grande vedette.

Si tel est votre rêve et quoi qu'en disent les autres, il faut persévérer et savoir vous entourer de gens positifs ayant les mêmes goûts que vous.

L'effort en vaut la peine. Faites-vous confiance et passez à l'action.

J'ai depuis ma tendre enfance pratiqué ce passe-temps. J'ai développé une technique révolutionnaire pour lui enseigner 15 tours amusants en seulement 30 jours et 15 minutes par jour. C'est aussi pour bien l'éduquer, mieux le comprendre, lui enseigner les exercices d'obéissance. Il s'agit de ma technique 15-30-15.

Après des dizaines d'années de passion, d'engouement et de véritable intérêt pour l'entraînement des animaux, j'ai eu envie de partager ma méthode personnelle que j'ai développée et peaufiné au fil des ans avec mon fils Martin, un entraîneur de grande expérience.

Ma technique révolutionnaire 15-30-15 est fondée sur des recherches et des expériences personnelles. Elle est un programme de développement dont la réputation n'est plus à faire. Elle a pour but de développer et d'affiner les apprentissages rapidement et facilement. Les explications sont claires et faciles à comprendre. De plus, l'ouvrage est émaillé de nombreuses photos spécialement conçues pour expliquer les principales étapes à suivre pour établir une routine agréable pour votre chien et vous.

Je suis un entraineur de chiens d'expérience: J'ai donné longtemps des cours d'entraînement au niveau maternel, élémentaire et secondaire avec la méthode positive tendresse.

Reconnu dans le milieu canin, j'ai donné au Québec plus d'une centaine de spectacles dans les expo-canins, les écoles, les résidences pour personnes âgées. J'ai donné plusieurs conférences-spectacles, participé à différentes émissions de télévision et écrits plusieurs articles pour des revues canines.

Je vous livre ma technique révolutionnaire et positive tendresse pour enseigner facilement et rapidement des tours d'adresses, des prouesses amusantes, des finesses spectaculaires, les exercices d'obéissance, le tout dans une atmosphère de détente et de plaisir mutuel.

C'est une approche naturelle et profitable pour faire l'éducation, l'entraînement de votre chien de famille. Vous deviendrez le chef de meute en sachant comment dégager une énergie calme et confiante afin de démontrer votre leadership à votre chien et vous faire obéir. Cette méthode tendresse et positive fait le bonheur de tous les chiens et de leurs entraîneurs.

Ma technique peut se résumer par : jouer en éduquant son chien. Cette méthode naturelle permet au maître et à toute la famille de participer à ces jeux éducatifs avec leur chien, au quotidien car, plus qu'une méthode d'entraînement, il s'agit d'un art de vivre avec son animal de compagnie.

Bien sûr, il ne faut pas vous attendre à devenir un entraîneur expert du jour au lendemain, mais avec cette technique extraordinaire, de la continuité, un peu d'effort et beaucoup d'enthousiasme, vous serez étonné des résultats. Si vous rêvez simplement de montrer quelques exercices d'obéissances et trucs amusants à votre toutou ou si vous aspirez à être un jour un bon entraîneur ce livre vous sera très utile.

Prenez le temps de lire ce livre du début à la fin avant de commencer son entrainement pour vous familiariser avec la marche à suivre.

Accordez-vous ensuite à chaque semaine vingt minutes sérieuses pour relire et mieux comprendre les techniques, les méthodes à employer pour savoir comment enseigner rapidement et facilement des tours amusants et obtenir des résultats spectaculaires.

Je vous invite donc à pénétrer dans l'univers des chiens de spectacle.

1. POURQUOI UN CHIEN ?

Vous ne savez ni chanter, ni danser, ni raconter des histoires drôles? Qu'à cela ne tienne! Avec votre chien savant, vous serez le clou de la soirée! Les gens apprécient toujours les petits spectacles où les animaux déploient leurs talents et ils aiment bien qu'on sollicite leur participation. Votre exhibition sera synonyme de plaisir et d'action.

Votre passe-temps pourrait même être rémunérateur : vous pourriez donner des spectacles lors d'expositions canines ou égayer les fêtes d'enfants, offrir vos services pour apprendre des trucs aux chiens, entraîner des chiens pour les gens handicapés ou faire du bénévolat auprès des malades et des personnes âgées. Vous pourriez même devenir entraîneur de vedettes canines.

Aujourd'hui les gens font appel de plus en plus à un spectacle de chien. C'est un domaine des plus populaires.

Un spectacle de chien savant nous plonge dans un monde de fantaisies. La magie du spectacle tient à l'art de l'entraîneur et à l'adresse du chien. Cette méthode positive vous apprendra à devenir un véritable artiste de l'entraînement canin en mettant en valeur les habiletés de votre chien dans des mises en scène fantaisistes, des paroles originales et des accessoires simples.

À vous la popularité et les applaudissements!

Quel chien vous convient le mieux ?

La plupart des chiens sont intelligents, mais ils sont aussi des êtres sensibles, tout comme de jeunes enfants. Il faut apprendre à les connaître, à les comprendre. Il faut leur consacrer beaucoup de temps de qualité pour les éduquer. En retour, les chiens ne demandent qu'à aimer leur maître et à le servir, et non à se faire maltraiter.

Si vous recherchez un compagnon fidèle, toutes races conviennent, mais si vous voulez plutôt un chien de spectacle, il vaut mieux chercher du côté des terriers. Une fois entraînés, ces chiens donnent un rendement supérieur. Il faut prendre la peine de bien choisir votre chien. Renseignez-vous auprès d'une école ou d'une association canine avant de faire un choix définitif car certaines races demandent au moins une heure de jeux par jour. N'oubliez pas qu'un chien est un compagnon de vie qui sera à vos côtés à longueur d'année : vous ne pourrez pas le remiser au garage comme un véhicule tout terrain.

Si vous avez déjà un chien, avant de commencer à l'entraîner, lisez un livre pour mieux connaître les caractéristiques de sa race et connaitre ses habitudes. Il est préférable d'être bien informé plutôt que de prendre des initiatives qui, par manque de connaissance, pourraient être définitivement nuisibles pour votre chien.

2. LES LEÇONS

Avant de commencer à enseigner des tours de spectacle à votre chien, les exercices d'obéissance et, il faut considérer trois points importants :

1. L'âge du chien pour obtenir les meilleurs résultats.
2. L'endroit où vous donnerez les leçons pour capter toute son attention.
3. Le jeu, une nécessité.

L'ÂGE IDÉAL

La meilleure façon de déterminer l'âge idéal pour entraîner votre chien est d'établir un parallèle avec l'être humain. Un chien de vingt mois est comme un adulte de vingt ans.

A trois ans, un enfant commence à apprendre les bonnes manières. A trois mois, un chien est prêt à être éduqué à la propreté. A six ans, un enfant prend le chemin de l'école. À six mois, un chien peut apprendre des petits trucs faciles, est prêt à entreprendre un cours d'obéissance de base.

À douze ans, l'adolescent arrive au secondaire. À douze mois, votre chien peut suivre un cours plus avancé ; il peut apprendre des tours plus compliqués. À seize ans, l'adolescent commence à penser à son avenir. À seize mois, il est temps de penser à exploiter la maturité de votre chien.

Si votre chien est adulte au moment où vous lisez ces lignes, vous n'avez qu'à suivre les mêmes étapes. Il apprendra certains exercices plus rapidement ; pour d'autres, ce sera plus long.

Ce qui importe par-dessus tout, c'est que votre chien sache clairement que vous êtes le chef de meute. Pour cela, il faut dégager une énergie calme, ferme et positive. Il faut lui enseigner à vous écouter et à vous obéir dans une atmosphère de jeu et de détente. Être constant dans une bonne méthode est le gage d'une bonne formation. Il apprendra qu'il doit suivre vos directives.

L'ENDROIT

Le climat dans lequel se fait l'apprentissage est très important. Au début, il faut choisir un endroit familier, tranquille et bien éclairé. Quand le chien sera parvenu à maîtriser certains exercices ou certains tours, vous pourrez les répéter à différents endroits pour qu'il apprenne à collaborer dans le bruit et les distractions, et qu'il apprenne à faire valoir ses talents devant un public. Il n'entrera pas dans une routine monotone. Toutefois, chaque fois que vous voudrez l'initier à un nouveau tour, il faudra revenir à l'endroit calme pour favoriser la concentration de l'animal.

LE JEU, UNE NÉCESSITÉ

Le jeu est primordial avant d'entreprendre une session d'apprentissage. Le chien a besoin d'une période de détente pour s'amuser librement et dépenser un surplus d'énergie avant de se mettre au travail. Lorsqu'il court, il développe sa rapidité et son agilité. De plus, il prend conscience de son entourage. Au contact des autres et durant les promenades, il apprend à être sociable. Par le jeu, il manifeste ses possibilités, ses goûts et ses tendances.

Si vous n'avez guère d'expérience avec les chiens et que vous désirez entraîner votre chien, vous vivrez sans doute des situations plus ou moins faciles. Profitez des moments où il s'amuse pour l'étudier et découvrir ses forces et ses faiblesses. Si vous jouez avec lui, l'animal s'attachera à vous; il apprendra à mieux connaître vous attitudes et vos mimiques. Il deviendra un compagnon de jeu idéal. Comme ces périodes sont empreintes de joie, de gaieté et de bonne humeur, le chien se montrera coopératif.

Le chien a besoin de plusieurs heures de relaxation par jour pour garder son équilibre mental et vider son trop plein d'énergie. Si vous participez à ses jeux et que vous y prenez plaisir, vous développerez une véritable complicité avec votre animal et vous pourrez lui inculquer le goût du sport et la compétition pour en faire un vrai champion.

Chaque chien selon sa race aimerait s'adonner à une activité spécifique. Exemple : Un terrier est un chasseur de par sa nature. Alors vous pouvez remplacer cette activité par l'apprentissage de tours, il se sentira utile et sera content de participer.

3. LES INSTRUMENTS NÉCESSAIRES

Pour bien éduquer votre chien et lui apprendre quelques prouesses plus facilement et rapidement, il faut quelques instruments.

LA LAISSE

Une laisse d'un mètre est la plus utilisé pour lui apprendre différents mouvements près de vous. Une laisse de deux mètres vous permet de faire effectuer plus facilement certains mouvements à votre chien sur de courtes distances. De plus, vous ne risquez pas de vous blesser aux mains s'il tire dessus. Pour lui enseigner des exercices sur une table de travail ou près de vous, il vaut mieux utiliser une laisse plus courte (environ trente centimètres). Enfin, sur de longues distances, il est préférable de le faire travailler à la longe, même si le temps de réaction est un peu long. Cet instrument largement utilisé sur les terrains d'entraînement est très efficace.

Il est important que l'animal associe la laisse à une activité agréable comme une promenade. S'il a tendance à tirer pour s'éloigner, ramenez-le doucement vers vous en l'appelant par son nom. Il s'apercevra qu'en restant près de vous, il réduit la tension sur son cou. Il faut aussi le détacher souvent. Il faut qu'il s'amuse et qu'il prenne l'habitude d'être en laisse. Il doit aussi apprendre à marcher calmement sans tirer sur sa laisse. Tant qu'il n'y sera pas parvenu, évitez de l'amenez dans des endroits achalandés; il deviendrait plus nerveux.

Dès les premières leçons d'exercices ou d'enseignement, il faut le tenir en laisse. Pour lui apprendre correctement un mouvement, mettez-lui son collier, mais n'utilisez jamais le collier étrangleur, qui enlève toute initiative personnelle et brime le caractère de votre animal. Apprenez à vous servir de la laisse comme si elle était le prolongement de vos mains pour aider le chien à se placer correctement, à effectuer le bon mouvement ou à aller dans la bonne direction.

Ne donnez jamais de secousse brusque ; appliquez plutôt une petite secousse sur le côté pour attirer son attention et le ramener dans le présent, puis mettez une légère tension pour ramener le chien à la position voulue. Quand un chien fait ce qu'il veut, il ne peut pas se concentrer et écouter. Avec la laisse, vous pourrez habituer l'animal à rester près de vous ou sur la table de travail pour lui apprendre une fantaisie.

Vous finirez par découvrir le meilleur moyen de la manipuler pour lui faire comprendre ce que vous attendez de lui. Le chien apprendra que ce n'est pas la laisse qui contrôle mais la main qui la tient. Faire figure d'autorité est important pour son éducation.

LA TABLE DE TRAVAIL

Pour enseigner les principes de base, une table d'un mètre carré et d'une hauteur de trente à soixante centimètres, selon la taille votre chien, fera l'affaire. La grandeur de la table forcera l'animal à limiter ses mouvements et vous permettra de mieux le contrôler.

De plus, en travaillant sur une table, vous pourrez manipuler votre chien à votre aise pour lui faire comprendre ce que vous attendez de lui et vous éviterez les courbatures. Les renforcements manuels seront plus précis et pourront être faits au moment opportun.

LES MAINS

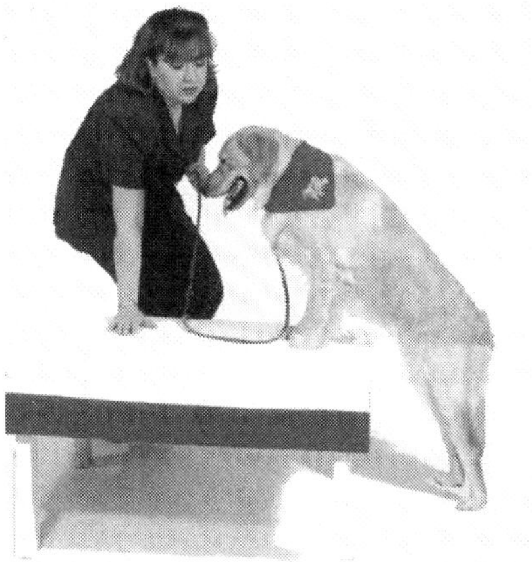

Les mains sont très importantes; elles sont les instruments des caresses qui lui démontrent que vous l'appréciez beaucoup. Elles vous permettent aussi de replacer le chien dans la bonne position. De plus, avec les mains, vous pouvez montrer à votre chien comment faire un mouvement et l'aider à comprendre les différentes étapes d'une prouesse.

Les mains servent aussi à tirer sur la laisse au bon moment pour diriger le chien vers la position désirée. Lorsqu'il devient trop distrait, vous pouvez d'une main, du bout des doigts, le toucher sur le flanc pour attirer son attention et le ramener à la réalité. Les mains vont aussi servir à lui envoyer des ordres en silence lors d'un spectacle.

4. LES TROIS TONS DE VOIX

Même si le chien est doué d'une intelligence animale, il ne comprend pas le langage humain. Pour que votre chien comprenne rapidement, il faut adopter trois tons différents : un ton pour complimenter, un ton pour donner des ordres et un ton pour réprimander. Il est incapable de saisir le sens d'une phrase, mais après un entraînement régulier il peut comprendre plusieurs dizaines de mots, et après six mois, voire des centaines de mots et accomplir des actes correspondant à des ordres et à des gestes précis. Le ton de votre voix constitue le meilleur moyen d'attirer son attention et de lui faire sentir vos intentions

L'intonation est importante puisqu'elle renforce le sens des mots. Toutefois, pour que le chien obéisse à vos ordres, il faudra d'abord qu'il établisse un lien entre le commandement et l'acte à accomplir. Avec de l'assiduité, de l'amour, de fréquentes séance de pratique de quinze minutes à tous les jours et une bonne concordance entre le ton, le commandement et le geste, le chien comprendra rapidement ce que l'on attend de lui. Il arrivera même à comprendre simplement par le ton de voix s'il s'agit d'un compliment, d'un ordre ou d'une réprimande.

LE TON DES COMPLIMENTS

Lorsque votre chien vous obéit, il doit sentir que vous êtes fier de lui. Prenez une voix douce et affectueuse pour lui dire : « Bon chien », tout comme vous parleriez à un enfant de deux ans. Il comprendra facilement que c'est un compliment; vous le verrez agiter la queue pour signifier qu'il est content, l'air de dire : « Mon maître est heureux, il me félicite ». Complimentez votre chien avec beaucoup d'enthousiasme et d'exaltation pour lui démontrer à quel point vous êtes satisfait. Une petite récompense est de mise. S'il ne se sent pas apprécié, votre chien manquera d'entrain et les séances d'entraînement l'ennuieront.

Rappelez-vous qu'il n'y a rien de plus décevant que de voir un pauvre chien croulant sous le stress exécuter tristement ses numéros.

LE TON DES ORDRES

Il est très important d'adopter le ton approprié pour donner des ordres ou des demandes de trucs. Durant son apprentissage, procédez toujours de la même façon : durant les premières semaines, vous pouvez attirer l'attention de votre chien en prononçant son nom, puis donnez-lui un ordre qu'il connait sur un ton ferme pour qu'il sente qu'il sera en session de formation et qu'il doit obéir au chef de meute. Il doit comprendre qu'une pratique, c'est du sérieux. Il s'habituera rapidement à reconnaître un ordre. Soyez naturel : adoptez un ton suffisamment ferme pour vous imposer, mais sans aucune rudesse ; vous risqueriez de brusquer l'animal. Adoptez toujours le même ton pour tous les ordres.

De cette façon, le chien fera la distinction entre une séance d'apprentissage et la récréation. Il faut apprendre à démontrer de l'assurance pour avoir un chien obéissant et équilibré. Il faut toujours dégager une énergie ferme, calme et positive sinon le chien sentira que vous êtes nerveux et non en contrôle.

De plus, utilisez un vocabulaire précis, un seul mot si c'est possible. Le chien apprendra à associer un mot à une action. Il vaut mieux être assez exigeant pour ne pas avoir un chien qui n'obéit qu'à ses dix volontés.

Il faut modifier le ton de la voix selon le caractère de l'animal, mais il faut toujours éviter le ton brusque et criard qui énerve le chien, semant le doute et la confusion. Avec le chien nerveux, il faut prendre une voix douce et ferme, mais être calme. Avec le léthargique, il vaut mieux adopter le ton énergique. Pour le têtu, l'intonation très ferme s'impose. Quant au timide, il répondra à une voix calme et chaleureuse.

Quand le chien a bien appris un tour, il n'est plus nécessaire de dire son nom et de répéter deux fois le commandement. Un ordre donné clairement et votre détermination suffiront à attirer son attention et lui faire comprendre qu'il est maintenant temps d'obéir. Toutefois, il est primordial de bien connaître le caractère de l'animal afin de ne pas lui faire subir de stress.

LE TON DES RÉPRIMANDES

Que faire lorsque l'animal n'obéit pas à un ordre qu'il connait bien et donné sur un ton ferme ? Il faut aussitôt redire l'ordre en haussant un peu la voix et prendre un ton plus exigeant en le replaçant gentiment avec vos mains dans la bonne position ou en donnant une petite secousse sur la laisse dans la bonne direction et en le regardant sévèrement droit dans les yeux. La plupart du temps, le ton de réprimande suffit à attirer l'attention de l'animal et à lui faire comprendre qu'il doit obéir car il est plus habitué à la voix douce qui le complimente ou à la voix ferme qui le fait obéir.

Vous pouvez élever la voix d'un niveau mais au grand jamais le brusquer pour le replacer dans la bonne direction ou donner une secousse trop brusque sur la laisse. Contentez-vous de répéter l'ordre de façon plus ferme. Le ton moins amical devrait lui faire comprendre que vous êtes le chef de meute et qu'il doit s'exécuter. Prenez garde de ne jamais exagérer la gravité de l'offense, gardez vos forces pour le motiver et dites-vous que la prochaine fois, il répondra plus promptement au commandement.

Ne félicitez jamais votre chien et ne le caressez jamais dans les instants qui suivent immédiatement un manque d'obéissance. Il croira que vous vous pliez à ses caprices et qu'il n'a pas à obéir.

Lorsque vous redemandez l'ordre à votre chien, tenez toujours compte de son caractère. Si vous manifestez un ton d'impatience trop vif, vous risquez de traumatiser l'animal. Il deviendra peureux ou, au contraire, agressif, mais chose certaine, les séances d'entraînement deviendront pénibles. Il répétera les tours d'adresses mécaniquement sans éprouver aucun plaisir, vraiment le contraire souhaité pour un chien de spectacle.

Il cherchera à vous éviter et se méfiera de vous. Vous détruirez la confiance qui doit régner entre le chien et son maître. Pour regagner cette confiance et sa complicité, vous devrez recommencer à zéro en redoublant de calme, de patience et de douceur, et malgré tout, il restera probablement des séquelles. Il est donc très important de trouver le juste milieu : il faut lui faire comprendre qui est le chef de meute sans saper sa confiance.

Le ton réprimande étant bien différent du ton compliment et du ton ordre, c'est aussi un outil important pour lui apprendre à bien s'exécuter.

5. MA TECHNIQUE RÉVOLUTIONNAIRE

Il faut d'abord définir les exercices ou les tours que vous voulez enseigner à votre chien pour respecter le même ordre d'une pratique à l'autre. Il s'agit de débuter avec des mouvements, des tours faciles qui sont tous bien expliqués dans le livre.

LES LISTES DES EXERCICES

La meilleure technique est de se faire une première liste pour tous les nouveaux tours ou mouvements à enseigner.

Exemple : Le rappel, danser, tourner en rond, s'asseoir, donner la patte, faire le beau, se coucher, ramper, rouler, faire le mort, debout, assis, bye-bye.

Puis avoir une seconde liste pour tous ceux qu'il connaît un peu afin de mieux les améliorer.

La première liste

Il est très important d'inscrire sur une feuille le nom d'une dizaine de tours amusants ou de mouvements d'obéissance que vous voulez commencer à enseigner à votre chien avec le nom du tour, le mot-ordre, un geste approprié de la main que vous utiliserez pour chacun d'eux et un mot clé pour vous rappeler le renforcement physique à effectuer. Puis lui apprendre à rester immobile et enfin le terme de relâche.

Nom - Mot ordre - Geste - Renforcement physique – Rester – Terme de relâche

Vous pourrez ainsi respecter l'ordre des exercices d'une séance à l'autre. Il faudra dire les mêmes mots-ordre, faire les mêmes gestes et le replacer de vos mains ou de la laisse de la même manière. Lui demander de garder la pose quelques instants et lui dire que c'est fini. Il faut lui donner une récompense pour le moindre effort et le féliciter.

Ce sera une routine beaucoup plus facile et agréable pour vous et votre chien. L'apprentissage se fera à votre rythme mais surtout à celui de votre chien dans une atmosphère positive et super détendue. Chaque pratique dure environ une quinzaine de minutes, pas plus.

Vous serez alors surpris de constater la rapidité avec laquelle votre chien comprendra et fera le lien entre le mot-ordre, le geste et le mouvement action à accomplir. Dès qu'il exécute un peu mieux un exercice d'obéissance, une finesse et vous croyez qu'il est prêt pour la deuxième étape, vous transférez alors cet exercice sur la deuxième liste.

La deuxième liste

C'est le même principe d'entraînement. Vous pratiquez environ une dizaine de tours dans les 15 minutes en suivant l'ordre de la liste. Il s'agira de lui demander de refaire chaque exercice quelques fois à chaque jour :

- Pour la peaufiner afin de la rendre plus naturel à accomplir à votre chien.
- Pour le faire exécuter avec seulement l'ordre verbal, et le complimenter, ensuite seulement l'ordre gestuel.
- Pour faire travailler votre chien avec plus de rapidité et de droiture.
- Pour ensuite diminuer l'ordre gestuel pour en faire un signe secret entre vous et votre chien.
- Pour changer les répétitions d'endroit et pratiquez dans le bruit et la foule.

N'oubliez pas de toujours transférer vos tours de la première à la deuxième liste.

Au bout d'un mois ou deux, en tant que chef de meute, vous serez définitivement bien plus à l'aise et autonome dans ce passe-temps. Votre chien le ressentira et sera encore plus intéressé d'être votre partenaire de spectacle. Votre chien s'adonnera avec plaisir et plus d'assurance d'une journée à l'autre.

Il sera alors temps de commencer à roder un petit spectacle car il exécute avec brio plusieurs finesses.

LA DURÉE D'UNE PRATIQUE

La formation d'un chien doit être une partie de plaisir tant pour l'animal que pour l'entraîneur. L'apprentissage doit se faire dans la joie et le calme. Il faut créer une atmosphère de jeu et de plaisir. Le chien est alors content d'apprendre et il est heureux de satisfaire son maître. Les leçons doivent être régulières et se tenir de préférence avant les repas. Les séances d'apprentissage doivent être brèves, car il est difficile de capter longtemps l'attention de l'animal.

Chaque leçon dure environ une quinzaine de minutes, pas plus.

Vous pourrez ainsi pratiquer environ une dizaine de mouvements différents ou de tours durant une minute ou deux dans chaque leçon. Petit à petit, il apprendra à mieux se concentrer et aimer ce jeu. Évitez de vous montrer trop exigeant au début : vous ne récolteriez que son impatience.

Une ou deux séances de pratique, bien préparée, de quinze minutes à tous les jours le fera évoluer de beaucoup plus rapidement qu'une session d'une heure à tous les deux jours.

L'apprentissage se fait beaucoup plus facilement par des répétitions courtes et fréquentes. Si vous êtes de mauvaise humeur ou que votre chien semble indisposé ou malade, il vaut mieux reporter la leçon. En aucun cas, il ne faut brutaliser votre chien ou le maltraiter pour le faire participer.

LA PRÉPARATION D'UNE LEÇON

Avant une répétition, une période de jeu de dix minutes s'impose pour dégourdir votre chien, lui faire accomplir ses besoins, s'amuser librement, dépenser son surplus d'énergie et calmer son excitation.

Ensuite, la pratique devrait toujours commencer par une petite période de réchauffement : le chien en laisse faites lui répéter quelques exercices d'obéissance déjà connus. Il va ainsi comprendre qu'il est maintenant en mode travail.

Prenez votre première liste, les finesses qu'il ne comprend pas encore ou très peu. Respectez toujours l'ordre du début à la fin. Enseignez de cette façon, ça deviendra pour vous et votre chien une routine beaucoup moins stressante et plus amusante.

Pendant une ou deux minutes, initiez-le à chacun de ces nouveaux tours. Pour terminer la session sur une notre positive, faites-lui reprendre un tour qu'il connaît bien et aime accomplir pour finir en beauté. À ce rythme, vous pourrez pratiquer une dizaine de tours les uns à la suite des autres. Vous constaterez que votre chien progresse beaucoup plus rapidement de cette manière.

Après quelques temps, faites votre deuxième liste, pour peaufiner les mouvements ou tours qu'il connaît déjà un peu. Pour l'aider à devenir un compagnon bien conditionné, vous devez amener votre chien à l'extérieur des limites de sa zone de confort et lui présenter de nouvelles situations mais sans trop le stresser.

Prenez note qu'une ou deux pratiques journalières de seulement quinze minutes pendant un mois vous permettra de mieux comprendre les techniques à suivre et être à l'aise avec ce nouveau passe-temps.

Un chien à une moyenne de vie de dix ans, alors prenez le temps nécessaire pour que cette activité soit des plus agréable pour vous. Votre chien ressentira votre bonne humeur et sera content de participer.

DES PRATIQUES STRUCTURÉES

Le système des pratiques structurées est incroyable. C'est ma technique révolutionnaire pour savoir comment lui apprendre facilement 15 Tours Amusants en seulement 30 Jours et cela ne prend que 15 Minutes par Jour. Puis vous deviendrez peu à peu tous les deux des vedettes.

C'est ma Technique Révolutionnaire Michel Dubois 15-30-15

Cette méthode révolutionnaire vous dévoile comment apprendre facilement et plus rapidement à votre chien des tours amusants et en même temps devenir le chef de meute le tout dans une atmosphère de détente et de plaisir mutuel. C'est aussi une méthode tendresse et positive qui fait le bonheur de tous les chiens et de leurs entraîneurs.

Vous allez dans votre coin tranquille. Votre première liste d'exercices est à votre vue. Vous débutez avec le premier tour. Vous dites son nom et lui donnez le mot ordre, faites le geste de la main, puis le renforcement physique de vos mains ou de la laisse si nécessaire pour le placer correctement. Pour le moindre petit effort, vous le félicitez d'une voix enthousiasme comme s'il venait d'accomplir quelque chose d'extraordinaire et le récompensez aussitôt, le caressez. Pendant les premières pratiques démontrez à votre chien qu'un moindre petit effort annonce une bonne récompense.

Aux premières sollicitations de ce nouvel exercice, il n'a absolument rien saisit au sens de votre demande. Vous refaites quelques fois la même demande de la même manière durant environ une seule minute, tout au plus. C'est terminé pour ce tour cette fois-ci. Il n'a absolument rien compris au mouvement qu'il doit accomplir car il n'a pas encore fait le lien entre le mot ordre ou votre geste et le mouvement qu'il doit exécuter, même si dans la vie courante, il fait souvent ce mouvement par lui-même.

Dites-vous bien que c'est absolument normal à ce stade-ci et soyez vraiment content de ses moindres efforts.

Durant une pratique d'une quinzaine de minutes, vous révisez chaque mouvement ou tour pendant une minute ou deux seulement. C'est tout, pas plus. Alors vous pouvez l'introduire à environ une dizaine de nouveaux tours d'adresses.

Vous passez au tour ou exercice suivant de votre liste et ainsi de suite. Ainsi la séance quotidienne de quinze minutes se fait dans une atmosphère de plaisir ce qui rendra votre chien beaucoup moins stressé et plus intéressé à poursuivre l'entraînement. La demande du même mouvement pendant quelques minutes à chaque jour par exactement le même mot-ordre et le même geste ainsi que le renforcement physique de vos mains augmentera de beaucoup sa vitesse de compréhension.

Donc durant la période d'entraînement de 15 minutes, vous lui faites répéter quotidiennement les mêmes dix finesses ou mouvements pendant quelques courtes minutes. Une erreur à ne pas commettre : N'essayez jamais de lui enseigner le même tour pendant dix minutes car vous allez vraiment le stresser et il aura de l'aversion pour ce passe-temps.

D'une journée à l'autre, il commencera à comprendre peu à peu ce que vous voulez qu'il accomplisse. Puis un jour, cela peut-être cinq, dix ou quinze jours dépendant de ses aptitudes ou le degré de difficulté pour sa race, le déclic se fera enfin. Il fera la relation entre le mot ordre et le geste à accomplir. Il comprendra le mouvement complet à réaliser d'un premier tour, puis d'un deuxième. La répétition d'un exercice l'aide à saisir le sens de la demande et le conditionne à s'exécuter. Vous êtes en train de l'initier à de nouveaux tours, alors terminez la session avec un truc déjà connu pour surtout finir sur une note très agréable.

Les jours suivants, vous lui demandez maintenant de refaire complètement cet exercice connu quelques fois avec enthousiasme pour qu'il y prenne goût mais sans lui donner de récompense, caresse, dites lui simplement un beau compliment. N'oubliez pas que si vous lui demandez de refaire trop de fois de suite un exercice qu'il sait, il pourra très bien se mettre à faire autre chose croyant se tromper ou bien pour essayer de vous faire plaisir avec autre chose.

De jours en jours, de semaines en semaines, la pratique deviendra un jeu d'enseignement dès plus agréable pour vous et votre chien. Une ou deux séances de pratique de quinze minutes à tous les jours le fera évoluer très rapidement.

Quand il a compris et exécute mieux une finesse, vous transférez alors ce mouvement sur la deuxième liste pour la peaufiner. Ce sera ensuite le même principe d'entraînement.

Si ce n'est pas une action naturelle pour lui. Exemple Danser. Cela pourra prendre quelques minutes par jour pendant plusieurs semaines pour bien la peaufiner et qu'il soit à l'aise à l'accomplir. Les séances de travail doivent prendre l'allure d'un jeu. Évitez la routine, donnez du rythme, soyez enthousiaste, soyez détendu.

Il vous appartient de trouver les moyens de l'amuser et de l'intéresser à ce passe temps. Il évoluera plus facilement et très rapidement.

Accordez à votre chien une ou deux séances d'enseignement de qualité de 15 minutes par jour en suivant les principes de bases. C'est énormément mieux qu'une seule pratique d'une heure par semaine. Il n'y a aucune comparaison possible.

Accordez-vous aussi vingt minutes sérieuses par semaine pour relire et mieux comprendre les techniques, les méthodes à employer pour savoir comment lui enseigner rapidement et facilement des tours amusants et obtenir des résultats spectaculaires.

6. MES APPROCHES D`ENSEIGNEMENT

Toutes mes expériences dans le domaine canin m'ont appris qu'il existe quatre approches d'apprentissage efficace : celle des compliments et des récompenses, celle du renforcement physique, celle d'une correction, une caresse, et enfin celle du leadership. Soyez réaliste : certains chiens ont plus d'aptitudes que d'autres pour apprendre tout comme nous, les êtres humains. Certains ont plus d'habiletés physiques, d'autres, plus d'agilité et d'autres encore, plus de savoir-faire, d'adresse ou de finesse. Il faut suivre les méthodes d'apprentissage sinon votre animal ne répondra pas à vos demandes.

LA RÉCOMPENSE, LA CARESSE, LE COMPLIMENT

Les récompenses, les caresses, les compliments font partie intégrante de la formation de l'animal et il doit en jouir durant toute sa vie.

Les récompenses sont surtout utiles pour les premières séances d'apprentissage. Trouvez ce que l'animal désire réellement. On donne habituellement une gâterie irrésistible : du foie pour les chiens. Donnez un régal de petite dimension pour que l'animal que vous entraînez puisse consommer des morceaux rapidement, sans se gaver.

Passez les premières semaines à enseigner à votre chien qu'un moindre petit effort pour effectuer un nouveau tour annonce une bonne petite récompense.

Lorsque vous enseignez un nouveau tour, un mouvement à votre chien, n'hésitez pas à lui offrir une gâterie pour le motiver à faire un tout petit effort dans la bonne direction, à adopter le comportement souhaité de son propre chef. Toutefois, il ne faudrait pas qu'il associe action et biscuit. Pour éviter ce piège, donnez-lui un biscuit au moindre effort dans les premières leçons. Il reçoit une récompense, aussi appelé renforcement positif.

Ensuite, au cours des séances de pratique suivante, lorsqu'il comprendra et répondra mieux à ce commandement, offrez-lui un biscuit une fois sur deux. Plus tard, lorsqu'il maîtrisera bien ce truc et qu'il l'exécutera sur-le-champ, contentez-vous de lui donner une caresse. Ce contact physique aura un impact encore plus grand que n'importe quelle friandise. À partir de ce moment, n'offrez un biscuit qu'en de rares occasions pour souligner les mérites de l'animal.

Si vous négligez de le caresser et de le complimenter, votre chien s'en ressentira. Le manque de caresses est pire que toute autre sanction. Votre chien a besoin de caresses pour grandir en confiance et prendre plaisir à travailler. Les mots d'encouragement comme « Bon chien » ou des caresses sont des récompenses très efficaces.

Au cours d'une séance de récapitulation de trucs, pour capter l'attention du chien, l'inciter à adopter une attitude positive et se concentrer, faites miroiter la possibilité de recevoir une friandise. Elle ne sert que d'attrait. Durant les exercices, ne prodiguez que caresses et compliments. À la fin de la pratique, annoncez au chien qu'il a été une brave bête et qu'il mérite un bon biscuit.

Souvenez-vous toujours que les compliments et les caresses doivent être dispensés au moment même où le chien fait le bon mouvement ou immédiatement après. Autrement, il est trop tard et le chien ne comprend rien à votre attitude. Le meilleur principe d'apprentissage est de lui faire comprendre positivement, de lui donner envie d'apprendre et non pas de l'empêcher ou de le forcer. Il peut très bien en tant que futur vedette, durant les répétitions, apprendre un tour tout en se léchant les babines de temps à autres, car nous sommes dans le monde du théâtre cependant lors d'un spectacle, place au sérieux, au professionnalisme. Il s'agit de remplacer les récompenses par de simples compliments.

À mesure que votre chien apprend à s'exécuter et à répéter des mouvements plus difficiles simplement pour recevoir des compliments, il s'habitue aussi à les faire plus spontanément. Si votre chien est de nature particulièrement indocile et têtue, il faut le féliciter au moindre petit effort ou au moindre progrès accompli. Pour que les séances d'apprentissage se déroulent dans l'harmonie, il faut faire preuve de tolérance, de persévérance et d'indulgence. Ne lésinez pas sur les compliments et évitez de gronder l'animal.

L'entraînement avec renforcement positif est une façon très efficace d'apprendre au chien de bien s'exécuter. Chaque nouveau défi vous donne la chance de pratiquer votre talent de chef de meute.

Quand votre chien connaît comment bien réaliser une finesse, les récompenses ne sont plus de mises car voir un chien s'exécuter pour des bonbons enlève beaucoup de charme à votre présentation.

LE RENFORCEMENT PHYSIQUE POSITIF

Lorsque vous enseignez un nouveau tour ou mouvement à votre chien, il n'y comprend d'abord absolument rien. C'est pourquoi il faut donner l'ordre d'un ton motivant et l'accompagner d'un geste. Plus encore, il faut l'aider délicatement à accomplir le mouvement avec vos mains ou la laisse si nécessaire. Il faut ensuite reprendre l'exercice doucement quelques fois en le replaçant gentiment dans la position demandée durant cette même séance de quelques minutes à l'intérieur d'une pratique de quinze minutes. Chaque fois qu'il fait un moindre effort pour se placer dans la bonne position, récompensez-le, félicitez-le.

De pratique en pratique, à force de vous voir faire le même geste et donner le même mot ordre, le chien finira un jour par faire l'association entre le mot-ordre employé et le mouvement à effectuer, qui autrement n'était pas facile à comprendre dans son esprit. À la leçon suivante, si le chien commet une erreur ou s'il n'obéit pas, demandez-vous s'il a bien interprété votre demande. Sans le réprimander, recommencez en dégageant une énergie calme et positive. Quand il aura bien compris, il aimera exécuter le mouvement à votre commandement

Si le chien veut s'en aller durant une séance d'apprentissage, rappelez-le à l'ordre sans le disputer. Dites-lui simplement : « Non ! » Redonnez l'ordre et replacez-le, félicitez-le. Évitez de le gronder et ne le brutalisez jamais.

La technique du renforcement physique positif est beaucoup plus efficace. L'animal apprend à collaborer de façon constructive. Si vous donnez un ordre d'une voix ferme et que vous replacez le chien gentiment en place en même temps, il comprendra qu'il doit obéir promptement.

En joignant le toucher à la parole, le chien apprend à réagir plus rapidement et acquiert une bonne vitesse d'exécution. Le renforcement physique signifie avoir du plaisir ensemble tout en combinant une main ferme avec une attitude positive au travail.

Au bout d'un certain temps, vous serez tous les deux des vedettes.

UNE CORRECTION, UNE CARESSE

Dans le contexte, le mot correction prend quatre sens :

1. Replacer gentiment le chien de vos mains pour l'aider à comprendre la signification d'un ordre nouveau ou pour l'aider à exécuter un mouvement plus rapidement.
2. Mettre une petite tension sur la laisse pour aider le chien à s'installer au bon endroit, prendre la position demandée ou la secouer doucement pour attirer son attention.
3. Réprimander doucement le chien verbalement s'il n'obéit pas.
4. Toucher du doigt légèrement votre chien sur le flanc pour attirer son attention et le ramener à la réalité.

Tout comme celle d'un enfant, l'éducation d'un chien exige du temps de qualité et un peu d'efforts. Il faut appliquer les bonnes approches pour obtenir de bons résultats. Quand arrive l'heure de la leçon après une petite récréation, souvent le chien préfèrerait se reposer ou jouer.

Vous retournez dans l'endroit tranquille. Vous lui donner un mot ordre. Il faut l'inciter à coopérer dans la bonne humeur. Servez-vous de vos mains ou de la laisse pour l'installer correctement en position tant qu'il n'a pas appris à bien exécuter un tour, et récompensez-le d'une petite friandise lorsqu'il fait un petit effort. C'est la méthode une correction, une caresse. Ainsi, refaire quelques fois un exercice mal compris ne sera pas une punition pour lui s'il y a de la motivation verbale et physique. C'est la méthode positive tendresse.

Si votre animal connaît bien un mouvement et qu'il n'obéit pas, placez-le aussitôt promptement en position avec vos mains ou mettez une petite tension sur sa laisse dans la bonne direction pour lui faire comprendre qu'il doit obéir correctement.

Démontrez-lui que c'est un jeu quand même sérieux. Dès qu'il a répondu à votre ordre, flattez-le et félicitez-le. Il s'agit toujours de la méthode une correction, une caresse. Votre chien apprécie votre compagnie dans la mesure où elle lui procure du plaisir. Si vous passez votre temps à vous impatienter, à crier après lui, il vous détestera. Il deviendra craintif et malheureux et vous n'en tirerez rien de bon.

Il est facile et habituel pour un chien de se soumettre à des séances d'apprentissage si les leçons sont courtes et agréables; elles doivent toujours se terminer sur une note positive. Il faut complimenter et caresser son chien.

Avant de blâmer votre chien, assurez-vous qu'il comprend la raison de votre intervention. Ne recourez jamais à l'impatience. Certes, pour entraîner un chien, la fermeté est de rigueur, mais la brutalité est toujours à proscrire. Si vous manquez de contrôle, trouvez-vous un autre passe-temps. Un chef de meute doit toujours être calme et en contrôle pour gagner sa confiance.

Quand il n'écoute pas à un ordre connu, ne vous posez pas la question : Pourquoi ? Montrez-lui que vous êtes un chef de meute calme et en contrôle. Calmement, faites simplement recommencer.

Quand votre chien montre un signe évidemment de manque d'attention et veut faire autre chose, vous pouvez aussi toucher du doigt votre chien légèrement sur le flanc pour le surprendre, attirer son attention et le ramener à la réalité.

Il saura qu'il doit s'habituer à être plus attentif et obéissant. Il va comprendre peu à peu qu'il doit se concentrer pour être capable de bien exécuter les demandes du chef de meute qui dégage une énergie calme et positive.

Une correction, une caresse est la meilleure approche pour faire exécuter à votre chien correctement ses devoirs tout en continuant à lui permettre d'aimer apprendre, le tout dans un cadre heureux.

LE LEADERSHIP

Pour un succès assuré, il faut commencer par apprendre à devenir un bon compagnon pour son chien. Il faut établir au départ une routine de vie et des règles claires pour son copain canin.

Une fois que vous avez acquis un bon leadership, maître et chien sont prêts avec succès à faire l'apprentissage de finesses amusantes ou à suivre un cours d'obéissance. Vous avez enseigné les notions de base à votre chien et celui-ci n'obéit toujours pas convenablement : La raison est simple, le chien connaît ses leçons mais il ne veut pas collaborer.

Le chien comprend vos demandes mais le manque de discipline et d'encadrement le rendent moins respectueux et réceptif aux exercices d'obéissance ou aux demandes de trucs. Donc afin d'éviter de la contestation, il est nécessaire de travailler son leadership de chef pour un grand succès en obéissance et en enseignement de tours.

Tous les problèmes de comportement se règlent en ayant un bon leadership. Un chien peut savoir les ordres s'asseoir, se coucher, ramper, rouler et pourtant il peut continuer à ignorer les consignes de son maître pour contester son autorité.

Pour gagner du leadership avec un chien, il faut devenir le chef de meute en utilisant le langage canin, c'est-à-dire un langage plus gestuel et visuel que le chien connaît. Il sera plus facile pour celui-ci de comprendre l'humain. Les chiens parlent entre eux avec leurs corps et avec leurs yeux, servez-vous lors de ce même langage pour qu'il collabore.

Vous pouvez faire le renforcement physique avec les mains ou la laisse pour gagner son respect et lui faire comprendre qu'il doit obéir à son maître. Le langage de votre corps doit dégager une énergie calme et positive pour faire figure d'autorité afin de lui envoyer le message que vous êtes le chef de meute et en contrôle.

7. L'IMPORTANCE DES COURS D'ENTRAINEMENT

Vous n'avez aucune expérience dans le monde canin alors avant d'enseigner des tours à votre chien, il vaut mieux l'inscrire à un centre canin pour y suivre un cours d'obéissance élémentaire. Naturellement, vous devrez toujours l'accompagner puisque, en fait, c'est vous qui apprendrez les techniques de base.

Vous pourrez pratiquer en groupe comment donner des ordres, à faire les gestes qui s'imposent ainsi qu'exécuter le renforcement physique pour corriger ses erreurs ainsi que vous servir des trois voix. Pour gagner du leadership avec votre chien, vous apprendrez à le solliciter en dégageant une énergie calme et ferme.

C'est ainsi que vous deviendrez le chef de meute de l'animal. De plus, vous aurez la chance de pratiquer des exercices chaque semaine avec votre chien dans une atmosphère positive pour lui faire comprendre ce que vous attendez de lui et pour qu'il s'en souvienne.

L'école demeure l'endroit idéal pour la formation de base nécessaire afin de débuter plus facilement à enseigner des petites fantaisies à votre chien. En outre, vous pourrez y rencontrer des gens qui partagent vos goûts, votre passion et votre chien à socialiser.

8. L'OBÉISSANCE ÉLÉMENTAIRE

Un chien peut fréquenter une école d'entrainement dès l'âge de six mois. Un chien accomplit souvent par lui même le : « assis, couche, debout, roule, mort, etc. » ce qu'il ne comprend pas encore, c'est de faire la relation entre le mot ordre donné et le mouvement à accomplir lorsque vous lui demandez.

Vous apprendrez durant la pratique de la semaine comment enseigner à votre chien à s'asseoir, à se coucher, à marcher près de vous, à s'éloigner, puis à revenir près de vous sur appel, à se mettre debout et à garder une position. Vous apprendrez à joindre le geste-ordre au mot-ordre.

Il apprendra alors à comprendre et à obéir à de nouvelles demandes toutes les semaines. Au début de chaque leçon, vous aurez à lui faire répéter quelques fois les exercices acquis la semaine précédente pour le mettre en train et le préparer à acquérir de nouvelles connaissances. L'apprentissage doit se dérouler dans la bonne humeur et être un véritable jeu pour l'animal et son maître.

Durant toute la formation, il faudra faire preuve d'assurance et de calme, et prodiguer beaucoup de compliments et caresses pour dégager l'énergie positive nécessaire pour que votre chien vous perçoive comme le chef de meute.

De retour à la maison, vous devrez reprendre quotidiennement pendant quelques minutes tous les exercices durant la leçon de quinze minutes. Afin d'accélérer le processus d'apprentissage, vous utilisez comme récompense, la nourriture, les caresses, les compliments pour encourager le chien à recréer un comportement souhaité.

Les propriétaires de chiens sans aucune expérience devraient suivre un cours d'obéissance afin d'améliorer encore plus la complicité avec leur chien et comprendre la base pour savoir comment entraîner un chien. Il sera alors plus facile pour le propriétaire d'un chien de continuer l'éducation de son chien à la maison. La clef du succès deviendra la pratique quotidienne de quinze minutes des exercices déjà appris. Le chien aimera apprendre et son mental a besoin d'être stimulé et d'être valorisé pour être sain et équilibré.

LE RAPPEL

La première chose que votre chien doit apprendre, c'est de venir à vous quand vous l'appeler. De cet exercice dépendent tous les autres. Il s'agit d'une simple question d'obéissance. Si votre chien refuse de venir vous voir, vous aurez bien du mal à lui apprendre autre chose.

Débutez cet exercice quand votre chien est enjoué et affamé. Vous êtes devant votre chien, dans une pièce tranquille sans distractions. Un morceau de friandise visible dans votre main droite. Vous dites le nom de votre chien et comme il débute à s'avancer vers vous vous donnez l'ordre « Mon chien, Viens ».

Comme le chien s'en vient à vous, vous le félicitez en disant « Beau chien » d'une voix enthousiasme. Quand il arrive, agenouillez-vous pour vous mettre à son niveau. Félicitez-le encore et donnez-lui la récompense tout en le flattant.

Quand il a bien compris cette demande. Recommencez cet exercice avec une grande laisse dehors parmi les distractions. Vous pouvez aussi vous servir de son jouet préféré.

Vous ne devez jamais rappeler votre chien pour le chicaner, car il va associer le fait de revenir à vous comme une expérience déplaisante d'être réprimander.

LE MOT *NON* ET *PAS ÇA*

Le mot *Non* est fréquemment utilisé pour signifier au chien qu'il a commis une bévue ou qu'il a eu un mauvais comportement et qu'il doit interrompre, arrêter son activité. Il signifie : « Ne touche pas, il est interdit de, fais pas ça ». Il permet de lui faire comprendre les règlements de la maison.

Lorsque le chien se met à agir de façon répréhensible, élancez-vous aussitôt vers lui et dites-lui : « Non» sur un ton grave mais calme. Il comprendra rapidement ainsi qu'il allait commettre une faute et qu'il doit arrêter son geste.

Le timing est très important. La réprimande verbale doit se faire dans les secondes suivant une gaffe sinon il n'associera pas votre désapprobation à son action; dans ce cas, il vaut mieux ne pas intervenir du tout.

Ne félicitez jamais votre chien et ne le caressez jamais dans les minutes qui suivent immédiatement une faute. Il croira que vous vous pliez à ses caprices et qu'il peut recommencer sa bévue sans crainte. Prenez garde de ne jamais exagérer la gravité de l'offense.

Lorsque vous sermonnez votre chien, tenez toujours compte de son caractère. Si vous manifestez un ton d'impatience trop vif, vous risquez de traumatiser l'animal. Il deviendra peureux ou, au contraire, agressif : s'il est timide, il sera traumatisé; s'il est têtu, il vous rejettera. Dans tous les cas, il deviendra craintif. Il cherchera à vous éviter et se méfiera de vous. Souriez quand vous êtes content, grimacez quand vous êtes mécontent.

Il est donc très important de trouver le juste milieu : il faut lui faire comprendre qui est le chef de meute sans saper sa confiance.

N'oubliez jamais que le ton de la voix joue un rôle très important et que la motivation est beaucoup plus efficace que la peur.

Prenez en note que le mot *Pas Ça* se rapporte aux ordres qu'il connait mais qu'il n'écoute pas ou fait autre chose. Si vous lui demandez de faire un mouvement ou un tour qu'il connait et qu'il n'obéit pas parce qu'il veut accomplir autre chose, rappelez le à l'ordre en lui disant : « *Pas Ça* » sur un ton ferme, redonnez l'ordre et replacez-le gentiment dans la position désiré. Il comprendra qu'il doit obéir et non pas arrêter le mouvement demandé.

Souriez quand vous êtes content, grimacez quand vous êtes mécontent.

LE TERME DE RELÂCHE *OK*

OK s'oppose à *NON*. Il signifie que tout va bien, que le chien a obéi et qu'il peut relâcher son attention. Lorsque votre chien aura répondu à vos attentes, pour mieux lui faire comprendre que l'exercice est terminé, dites-lui : « OK, c'est fini ! » et claquez des doigts. Mettez-vous à courir et encouragez-le à vous suivre en répétant « OK, c'est fini! » et immédiatement qu'il s'est remis en mouvement, complimentez le chien.

D'une demande à une autre, à force de répétition, il finira par comprendre que lorsqu'il accomplit un acte et doit garder la pose que le contre-ordre pour lui signifier que c'est terminé doit venir de vous et que c'est « Ok, c'est fini ». Cela signifie que sa tâche est terminée et c'est seulement à ce moment là, qu'il peut se remettre en mouvement et qu'il peut enfin reprendre sa liberté. Il comprendra rapidement le sens du mot « Ok, c'est fini ».

Au début, ne refaites pas un rappel trop rapidement, attendez un peu sinon vous allez freiner sa bonne humeur.

Prenez l'habitude de toujours compléter un exercice ou un tour avec seulement le mot de la fin, « Ok » en claquant des doigts, accompagné du geste qui signifie : « Va » : bras droit tendu, vous le repliez vers le haut. Vous inciterez ainsi l'animal à partir et à abandonner sa position.

Durant les prochains exercices, lorsque vous claquerez à nouveau des doigts, si le chien ne vous regarde pas, il se tournera vers vous pour réclamer un peu de liberté. Désormais le chien est conditionné: il sait qu'un claquement des doigts est suivi par un moment de détente.

Pendant les spectacles pour rendre l'atmosphère de jeu plus agréable et détendue, il est essentiel d'utiliser soit le mot de relâche, le geste ou un petit claquement des doigts. Pour plusieurs finesses, vous pourrez employer des synonymes et d'autres gestes.

S'ASSEOIR

Vous pratiquez cet exercice le chien en laisse pour être en contrôle.

Face au chien, la laisse dans votre main gauche et la friandise main droite, les deux mains le long de votre corps. Vous dites «Viens » et vous lui montrez la récompense. C'est important d'être calme et de ne pas exciter votre chien durant cet exercice.

Quand le chien arrive prêt de vous, remonter votre main droite au dessus de sa tête. Le chien va naturellement s'assoir pour être capable de garder les yeux sur la nourriture. Donner l'ordre «Assis » quand vous voyez qu'il commence à plier ses pattes de derrière. Vous pouvez aussi l'aider avec le renforcement manuel.

Renforcez l'ordre assis devant le chien puis le chien à votre coté. Au début, récompensez-le pour chaque bon mouvement avec une récompense verbale et une friandise, éventuellement seuls les mots sont suffisants.

SE COUCHER

Quand le chien est dans la position assis, mettez vous à genoux de son coté droit et tenez son collier de la main gauche. Tenez une friandise dans votre main droite, placez la près de son museau et commencez à la descendre vers le bas.

Comme le chien suit la friandise, bougez-la vers l'avant en face de son corps. Au moment ou le chien commerce à se coucher, vous donner l'ordre « Couché ». Continuez à bouger la récompense jusqu'il soit couché. Félicitez-le et récompensez-le.

Refaites cette exercices quelques fois à chaque pratique, jusqu'à qu'il réponde seulement avec le mot « Couche ».

LE DEBOUT

L'ordre « Debout » est étroitement lié à l'ordre Assis et Couché.

Tenez le chien de préférence en laisse. Positionnez le chien au couché ou à l'assis à votre gauche. Il faut profiter du fait que le chien, une fois assis ou couché, n'a qu'une envie: se relever. Faites un petit pas en avant avec votre pied gauche pour faire semblant d'avancer. Puis, dès qu'il se prépare à se lever, dites-lui : « Debout ! ».

Le chien se lève, félicitez immédiatement en répétant: « Debout, beau chien ». Recommencez quelques fois puis passez à un autre exercice pour ne pas lui croire qu'il se trompe. N'oubliez pas de féliciter votre chien, c'est comme ça qu'il apprendra le mieux.

RESTER IMMOBILE

Il est utile que le chien comprenne bien le sens de : « Reste, Pas bouger ! ». Voici l'exercice par excellence pour apprendre à votre chien à garder la pose.

Pour ce faire, demandez à votre chien de s'asseoir. Lorsque le chien a pris la position demandée, vous n'avez qu'à lui dire : « Reste ! » Une fois cela fait, avancez la main en lui ordonnant : « Reste ». Gardez votre calme.

Parlez d'une voix douce et gentille. Demandez au chien de rester en position en avançant votre main gauche devant sa face et en disant : « Reste! Ne bouge pas !

Quand il a appris à rester en place pendant quelques instants, il ne lui reste plus qu'à se perfectionner. Puis, tournez autour de lui. S'il se lève pour vous suivre, revenez vous placer devant lui et recommencez.

Une fois que vous pouvez tourner autour de lui sans qu'il se lève ou bouge, essayez de vous éloigner sans le regarder. Si vous l'entendez se lever, répétez « Reste, ne bouge pas » et votre chien se replacera peut-être de lui-même. Si ce n'est pas le cas, revenez vers lui et recommencez.

Si vous lui demandez par exemple de se coucher et qu'il se met ensuite à bouger, dites-lui aussitôt : « Reste! » Accompagnez vos paroles d'un geste qui signifie : « Arrête » et replacez doucement la partie du corps qu'il a bougé pour qu'il comprenne ce qu'il a fait de travers. Répétez : « Reste! » et refaites le geste. Le chien doit rester parfaitement immobile pendant une vingtaine de secondes. Quand il y sera parvenu, félicitez-le chaleureusement.

Il faut petit à petit obtenir de lui qu'il garde le plus longtemps possible la position et qu'il ne bouge que lorsque vous lui dites : « ok, c'est fini. » Cela viendra naturellement après quelques séances de jeu, de récompenses et de caresses.

Pour obtenir de bons résultats, vous devrez souvent répéter cet exercice parmi les distractions et le bruit, mais rappelez-vous toujours qu'un chien apprend plus rapidement dans un climat détendu. Vous pouvez aussi utiliser l'expression : « Tranquille! Ne bouge pas» Dites-vous que la beauté d'un spectacle réside souvent dans de bien petites choses !

Dans un spectacle, il est beaucoup plus intéressant d'avoir un animal qui s'exhibe comme un trophée plutôt qu'un chien qui furète partout et qui ne cesse de s'agiter, de se gratter ou de renifler le sol.

AU PIED

Pour la sécurité de votre chien, il doit également apprendre à marcher convenablement à coté de vous, non pas en avant de vous. Placez votre chien à votre gauche, tenez la laisse dans votre main droite et une friandise dans votre main gauche et débuter la marche, en partant avec votre pied gauche pour lui signifier que c'est un départ.

Il se promènera à coté de vous car il voit la récompense, dites « Au pied ». Au bout de quelques pas, vous pouvez raccourcir un peu sa laisse sans mettre de tension afin que sa tête soit près de votre jambe. Dès qu'il marche près de vous, donnez-lui un peu plus de jeu. S'il en profite pour prendre de l'avance ou du recul, donnez un petit coup sur la laisse vers la droite en disant « Au pied » pour lui apprendre à rester à votre côté. Quand il est dans la bonne position, donnez lui quelques fois une récompense et dites « Beau Chien».

Avec le temps, votre chien apprendra à s'arrêter, à repartir ou à tourner quand vous le faites. Évidemment, tout ça nécessitera un peu de temps, mais comme vous le tenez en laisse il est possible d'aller vous balader avec votre chien pour bien lui inculquer cette leçon.

SAVOIR ACCEPTER LES FRIANDISES POLIMENT

En apprenant les bonnes manières, votre chien doit aussi apprendre à accepter poliment les friandises qu'on lui offre. Il ne doit pas se jeter avidement sur toute nourriture qu'on lui présente : il risquerait de mordre ou de blesser quelqu'un par sa voracité. Pour lui enseigner, demandez-lui de s'asseoir et de garder cette position. « Assis, Reste ». Tendez-lui un biscuit : s'il tente de bouger, dites-lui : « Non, reste! » Il doit rester tranquillement assis. Il s'habituera peu à peu à attendre votre autorisation et il deviendra plus patient.

Après lui avoir dit : « OK, mange! », s'il se jette sur le biscuit comme un glouton, retirez votre main et grondez-le en disant : « Pas ça! ». De l'autre main, retenez-le avec la laisse courte. Recommencez en disant : « Tranquille » pour lui faire comprendre qu'il doit prendre le biscuit délicatement. Si le chien semble nerveux et agité, ne prenez pas de risques inutiles. Reprenez l'exercice pendant quelques minutes à tous les jours. Il finira par s'habituer à prendre le biscuit si délicatement qu'il effleurera à peine vos doigts. Prenez tout le temps qu'il faille pour lui apprendre la politesse et les bonnes manières.

UNE VRAIE CARTE DE MODE

Dès le début de l'entraînement, habituez votre chien à porter des tenues pour égayer les situations. Commencez par lui faire sentir un foulard imprégné de votre odeur et nouez-le autour de son cou. S'il tente de l'enlever, dites doucement : « Pas ca! » et commencer immédiatement une promenade, ponctuée d'exercices, pour lui l'habituer à cet accessoire. Avec un peu de diplomatie, vous parviendrez à rendre l'animal orgueilleux. Il acceptera même de porter des lunettes, une cravate, une bavette, une casquette, un dossard amusant, le temps d'une petite parade ou d'une photo

Enseignez-lui le terme qui désigne la pièce de vêtement. Il enrichira son vocabulaire et, plus tard, il pourra aller la chercher lui-même. Il pourrait être amusant de présenter un défilé de mode à l'intérieur d'un spectacle pour distraire les gens et leur montrer les dernières tendances de la mode... canine.

De plus, si votre chien s'habitue à porter des accessoires, il pourrait bien poser pour une affiche ou être choisi pour une annonce publicitaire à la télévision. Le port d'accessoires peut vous sembler superflu, mais le moment venu, vous serez heureux d'y avoir consacré un peu de temps.

Qui sait ? Votre chien deviendra peut-être un mannequin en vogue...

9. DES TOURS FACILES

Si vous suivez un cours d'obéissance de base dans une école canine, votre chien sera plus préparé à apprendre les tours que vous lui enseignerez. Il vous sera beaucoup plus simple et agréable de lui enseigner une foule de petits tours amusants. Des finesses que vous croyiez normalement réservées aux experts. Il faut d'abord définir les tours que vous voulez enseigner à votre chien, puis lire et relire les explications pour bien comprendre comment l'aborder et lui inculquer votre demande.

Les tours décrits dans ce livre sont présentés dans un ordre croissant de difficulté. En suivant cet ordre, le chien apprend plus facilement et progresse plus rapidement. À chaque séance d'apprentissage, il apprend à devenir plus attentif et à obéir plus promptement aux ordres. À mesure qu'il se développe physiquement et mentalement, sa capacité de concentration et sa coordination des mouvements s'améliorent.

Pour rendre les leçons intéressantes et agréables, soyez créatif. Vous devez développer une complicité avec l'animal, devenir son partenaire. Ne le réprimandez jamais ; essayez plutôt de le motiver le plus possible.

Commencez toujours par une période de récréation pour détendre l'animal. Puis sortez votre liste qui comprend une dizaine de mouvements ou de tours. Passez ensuite à la séance de réchauffement au cours de laquelle le chien fera des exercices connus pour se mettre dans l'ambiance. Il sera alors prêt à entreprendre la séance d'entraînement de quinze minutes .

Comme la nourriture est une récompense, enseignez toujours les tours avant les repas. Vous réussirez mieux à capter l'attention de l'animal qui sera prêt à tout pour obtenir un biscuit ou une petite gâterie qu'il adore. Au début, tenez votre chien en laisse avec un collier, jamais avec un étrangleur, et servez-vous de la table de travail.

Les séances de travail doivent prendre l'allure d'un jeu. Évitez la routine, donnez du rythme, soyez enthousiaste, et terminez chaque séance par un exercice que votre chien aime bien exécuter. S'il développe le goût d'apprendre, il évoluera plus rapidement. Il vous appartient de trouver les moyens de l'amuser et de l'intéresser à ce nouveau passe-temps.

Voici une finesse à retenir pour les débutants. « Mesdames et messieurs, voici un tour de chien sensationnel, du jamais vu. » Marchez lentement en exécutant deux tours complets autour de votre chien et revenez à la position de départ. Dites à vos spectateurs : « Voilà, nous venons de vous exécuter non pas un, mais bien deux tours de chien. Extraordinaire, n'est-ce pas? »

DONNER LA PATTE

Allez jouer avec votre chien. À la fin de la récréation, marchez vers lui et, pour montrer que ça a été un plaisir de jouer avec lui, tendez-lui la main en disant : « Tape là! À la prochaine! » Votre chien s'exécute.

C'est drôle à voir. « Formidable! Qui dit mieux? Enfin un vrai coéquipier! »

La plupart des chiens apprennent ce truc en une quinzaine de leçons journalières de quelques minutes. Si votre chien se sent apprécié, il sera heureux de vous faire plaisir et de l'apprendre pour recevoir un geste gentil de votre part.

Faites-le asseoir sur la table de travail et, de la main gauche, retenez-le par son collier pour l'empêcher de se coucher. Montrer-lui le biscuit que vous tenez dans la main droite. Avancez doucement votre main et glissez-la sous sa patte en la balançant tendrement comme pour donner une poignée de main. En même temps, dites : « Donne la patte ».

Après plusieurs répétitions de quelques minutes étalées sur quelques jours, il commencera à comprendre et lèvera la patte sans que vous n'ayez besoin de la soulever à chaque fois. Vous pourrez alors supprimer peu à peu les récompenses. Avec le temps, vous n'aurez qu'à lui dire : « La patte » pour le voir s'exécuter. Il vous suffira d'avancer la main comme lorsque vous donnez une poignée de main. Il est très important de lui enseigner un mot-ordre distinctif pour chaque tour. Montrez votre enthousiasme lorsqu'il s'exécute.

Il est important d'enseigner à votre chien un signe bien différent pour chaque finesse car, au cours d'une démonstration où vous ne pourrez pas parler, un geste suffira pour que votre chien se place en position. À chaque répétition, il apprendra un peu plus et, avec le temps, il vous surprendra.

Voici une variante du même tour :

Regardez votre chien en lui disant : « Où t'es-tu fait mal ? » À ces mots, il s'assoit et présente la patte. Pour l'habituer, dites : « Où, t'es-tu fait mal ? » et ajoutez : « Assis, la patte ». Quand il aura compris, il suffira de dire seulement : « Où, t'es-tu fait mal? ».

Répétez l'exercice quelques fois à chaque séance d'entraînement et changez d'endroit pour lui apprendre à s'exécuter dans des environnements différents.

FAIRE LE BEAU

Votre chien s'avance vers vous en tenant une balle dans sa gueule. Il vous la remet en « faisant le beau » ; vous la prenez tout en lui serrant la patte qu'il vous tend et vous dites : « Merci beaucoup! ».

Faites asseoir votre chien dans le coin de la pièce. Passez votre main gauche derrière ses pattes de devant en disant : « Fais le beau ! ». Soulevez ses pattes lentement et incitez-le à se lever en agitant un biscuit juste au-dessus de son museau. Les première fois, maintenez votre chien en équilibre; s'il fait le moindre effort pour se redresser, félicitez-le avec enthousiasme et récompensez-le. Refaites cette étape quelques fois pendant une minute ou deux. Voilà c'est tout pour cette fois-ci, vous passez à la répétition d'un autre tour.

Recommencez plusieurs jours de suite pour que le chien finisse par associer le commandement à l'action. S'il tente de se mettre debout, dites-lui : « Pas ça » et replacez-le en position assise. Quand il aura répété l'exercice plusieurs jours, vous n'aurez qu'à mettre la main au-dessus de son museau en disant : « Fais le beau » et en agitant un biscuit ; il se soulèvera et apprendra à se tenir en équilibre.

Faites attention de ne pas le laisser tomber sur le dos, cela pourrait le traumatiser.

C'est une finesse assez difficile malgré tout pour certaines races de chiens. Apprenez-lui ensuite à garder cette position en disant : « Reste! » et en faisant le geste de vos mains.

Au début, il tiendra seulement quelques secondes, mais peu à peu, il pourra garder la position plus longtemps. N'oubliez pas de lui signifier que l'exercice est terminé en disant : « OK, c'est fini! » et en claquant des doigts. Il ne doit jamais se remettre en mouvement sans votre consentement.

Quand il aura bien appris à faire le beau, vous n'aurez plus besoin de biscuit. Il suffira de donner l'ordre, même à distance, et faire semblant d'agiter un biscuit.

Pour la présentation finale. Votre chien s'avance vers vous avec la balle. Vous ne donnez aucun ordre verbal, simplement l'ordre par le petit geste « Fais le beau » en agitant le bout des doigts, puis vous renversez votre main discrètement pour lui signifier « Donne la patte ». Il s'exécute.

Les mots-ordres et les gestes-ordres sont très importants tout au long de la carrière d'artiste de votre chien.

FAIRE LE MORT

Lorsque votre chien est couché, dites-lui : « Fais le mort ! » en le renversant lentement sur le côté en lui disant à nouveau : « Fais le mort ! » et en le tenant immobile pendant quelques instants en disant « reste ». Ensuite dites : « Ok, c'est fini ! » en claquant de doigts et faisant le geste approprié. Il se relève. Vous le récompensez car il a terminé sa finesse.

Après quelques jours de pratiques de quelques minutes, vous n'aurez qu'à dire : « Fais le mort ! » et il obéira. Vous pourrez alors dire : « Reste! » en plaçant votre main droite près de ses yeux pour lui signifier de ne pas bouger. S'il bouge, replacez-le doucement, sans vous impatienter.

À la fin de l'exercice, montrez-lui que vous êtes vraiment fier de lui. C'est la meilleure façon de l'amener à aimer accomplir des trucs.

Pour joindre le geste à la parole, bras droit replié à la taille, vous relevez un peu votre avant-bras vers la droite pour former un demi-cercle en le redescendant à votre taille, en tournant la paume de la main vers le haut comme pour tomber de côté. C'est beaucoup plus professionnel de pratiquer avec le mot-ordre puis ensuite avec seulement le geste.

Lorsqu'il aura compris, un petit geste-ordre suffira. Vous diminuez le geste d'une fois à l'autre pour qu'il devienne à un moment donné un petit signe secret entre vous deux. A la longue, il réussira à rester parfaitement immobile. Vous pourrez soulever sa patte sans qu'il bouge; vous pourrez même lui demander d'arrêter de bouger la queue.

Pour varier, vous pouvez jouer au cow-boy et pointer votre index sur le chien en disant : « Bang ! Tu es mort » tout en faisant le signe de la main. Au fil du temps, le chien apprendra à tomber raide mort au simple mot Bang!

SE ROULER SUR LUI-MÊME

Demandez à votre chien de se coucher et de faire le mort. Penchez-vous devant lui en disant : « Roule! ». Saisissez doucement ses pattes de devant et faites-le rouler lentement. Il faut l'habituer à terminer l'exercice couché sur l'autre côté.

Prenez-le par les pattes le temps nécessaire durant les pratiques journalières de quelques minutes. Si vous voulez qu'il apprenne à se rouler sur les deux côtés, il faudra d'abord lui montrer à faire le mort sur les deux côtés. Incitez-le ensuite à rouler en agitant un biscuit. Il fera un effort pour suivre le biscuit et parviendra à se rouler.

Aidez-le aussi souvent qu'il en a besoin. Faites aussi un geste de rotation avec la main pour lui indiquer qu'il s'agit rouler. Plusieurs chiens ont peur de se rouler sur le dos parce qu'ils se sentent sans défense dans cette position, mais s'ils ont une totale confiance en leur maître, ils accepteront de se rouler.

Voici une variante de cette finesse. Votre chien est couché. Vous dites à vos spectateurs : « Mon chien m'écoute toujours. C'est le temps de faire le mort mon chien. » Il ne vous écoute pas. Vous dites alors : « Commence pas à te *Rouler* sur le dos pour que nous fassions rire de nous. » tout en faisant le signe le plus petit possible. Votre chien s'exécute. Vos amis l'applaudiront.

RAMPER

Commencez par annoncer à votre public : « Mesdames et messieurs, voici notre champion qui s'avance. Sera-t-il capable de ramper sous cette rangée d'enfants à quatre pattes par terre ! C'est réussi. Mais quel chien ! ».

Comme le chien rampe naturellement, il est relativement facile de lui enseigner cette fantaisie, mais il est essentiel qu'il sache d'abord le commandement : « Couche » De plus, il est à noter que cet exercice est plus facile à faire sur un tapis ou sur du gazon.

Agenouillez-vous à côté de votre chien couché. De la main gauche, tenez la laisse tout près du collier pour l'empêcher de se relever. Glissez un biscuit dans votre main droite et posez-la sur le sol, près de son museau. Déplacez lentement votre main en disant : « Rampe, viens! ». Maintenez-le toujours près du sol en tenant la laisse de la main gauche. Répétez l'ordre constamment. Dès qu'il fait un petit effort pour avancer de quelques centimètres, donnez-lui un biscuit. Prodiguez caresses et compliments pour lui montrer qu'il fait exactement ce que vous attendez de lui. Au début, il essaiera sans doute de se relever. Replacez-le gentiment et répétez l'ordre.

Pour éviter de semer la confusion, ne lui dites-pas: « Couche! Rampe! ». Rappelez-vous que : « Couche » signifie « Rester immobile ». Dites plutôt : « Pas ça, rampe! » pour lui signifier qu'il doit s'avancer vers le biscuit.

Quelques jours plus tard, installez-vous à genoux face à votre chien et reprenez l'exercice. Dites : « Rampe! » et s'il avance de quelques centimètres, récompensez-le. Graduellement, mettez-vous debout. Si le chien cesse de ramper en cours de route, tirez légèrement sur la laisse et redonnez l'ordre pour lui signifier qu'il doit continuer. Il est alors grandement temps de ne plus vous servir du biscuit car votre chien doit le faire seulement pour les compliments.

Vous pouvez maintenant joindre le geste à la parole. Bras droit le long de votre corps, le dos de la main vers votre chien, vous faites un mouvement de va et viens de la main, un balancier vers l'avant et l'arrière. Plus tard, il suffira de bouger légèrement les doigts pour qu'il comprenne.

Vous pourrez même lui enseigner à ramper à reculons. Grâce à l'enthousiasme, cela deviendra un acte agréable à accomplir. N'hésitez surtout pas à concevoir d'autres situations cocasses.

DANSER ET SE PAVANER

Pour l'habituer à faire du stand-up comique, il s'agit d'enseigner à votre chien à marcher debout à côté de vous ou à s'avancer vers vous en se tenant sur ses pattes de derrière et à tourner sur lui-même.

Faites asseoir votre chien devant vous et agitez un biscuit dans votre main droite pour l'exciter. Dites : « Le grand » en tenant le biscuit au-dessus de son museau.

Tenez le biscuit suffisamment haut pour que le chien se dresse sur ses pattes de derrière. S'il fournit un bon effort les premières fois, récompensez-le et complimentez-le chaleureusement. S'il ne réagit pas, tirez légèrement la laisse vers le haut pour l'aider et lui faire comprendre qu'il doit faire le grand.

Dès qu'il a compris, félicitez-le. Tant que le chien n'aura pas saisi où vous voulez en venir, l'exercice lui paraîtra peut-être difficile. Aussi vaut-il mieux faire de très courtes séances d'une ou deux minutes à tous les jours.

Quand il saura ce que « Le grand » signifie, vous pourrez ajouter le geste : la main droite relevée à la hauteur de votre poitrine et deux doigts qui pointent vers le haut en saccades.

Après plusieurs jours, il comprendra le mouvement à effectuer et apprendra à mieux se tenir en équilibre.

Pour lui apprendre à avancer en se tenant sur ses pattes de derrière, agitez encore le biscuit au-dessus de son museau, dites « Le grand » mais sans le lui donner dès qu'il se dresse. Reculez plutôt en agitant le biscuit et dites : « Le grand, Viens! » Il cherchera à avancer en gardant son équilibre. S'il tente de se remettre à quatre pattes, excitez-le encore avec le biscuit au dessus de sa tête pour qu'il se relève.

Au début, n'attendez pas qu'il retombe. Dites-lui rapidement : « OK, c'est fini ». Dès qu'il essaie de rester en équilibre, donnez-lui un biscuit. À force de s'exercer pendant seulement quelques minutes à tous jours pendant quinze jours, il finira par être capable de rester debout et de marcher pendant une dizaine de secondes. Votre chien réussira à faire cet exercice progressivement. Il est inutile de vouloir lui enseigner toutes les étapes la même semaine.

Les terriers sont particulièrement doués pour ce genre de finesse. Pour d'autres races, c'est plus difficile, mais avec de courtes répétitions motivantes, vous y arriverez. Vous pourrez même apprendre à votre chien à garder un objet en équilibre sur son museau, en marchant vers vous.

Pour le mettre en situation, il faut toujours faire jouer la même musique. Il la reconnaîtra et saura qu'il est le prochain artiste invité. Après plusieurs semaines de répétitions, vous n'aurez qu'à dire : « Danse » pour qu'il se dresse sur ses pattes et qu'il se mette à danser avec vous. Pour joindre le geste à la parole, placez la main droite à la hauteur de votre poitrine et décrivez des demi-cercles avec l'index pour rappeler les mouvements de la danse.

Avec le temps, habituez-le à obéir pour seulement recevoir des compliments. Il ne faut pas qu'il croit qu'il n'est pas obligé d'exécuter un ordre s'il n'y a pas de nourriture - comme récompense et c'est valide et important pour tous les trucs, les finesses, les exercices ou autres.

Soyez enthousiasme et très positif ! En consacrant deux minutes par jour pour chaque finesse sur votre liste pendant quelques semaines, vous ferez des merveilles.

Et maintenant, tout le monde en place pour une petite danse. C'est la fièvre du samedi soir!

DONNER UN BEAU BISOU

Vous arrivez à la maison et votre chien est heureux de vous voir car il s'est ennuyé de vous. Dites-lui : « Viens me donner un beau bisou! ». Votre chien s'approche de vous et vous donne un beau baiser sur la joue. Tout le monde sera à la fois surpris et content pour vous.

Avant de lui apprendre cette finesse, il est très important, par prudence, que votre chien ait appris à accepter les friandises poliment. S'il a tendance à vous lécher les mains, tendez-lui la main en disant : « Un beau bisou ».

Lorsqu'il sera habitué, tendez-lui prudemment la joue; peut-être fera-t-il de même. Si votre chien n'est pas très enclin à vous lécher, mettez un peu de confiture ou de beurre d'arachide sur votre main ou votre joue : il s'empressera de vous donnez un beau bisou. S'il commence à vous donner trop de coups de langue, arrêtez-le en disant : « C'est assez! ».

Si vous avez un chien nerveux ou un chien qui bave beaucoup, il vaut mieux ne pas lui enseigner cette finesse qui convient mieux aux petits toutous affectueux.

Une fois un tour appris, ne lui faites pas recommencer trop souvent cet exercice durant une session d'apprentissage. Votre chien en viendra à penser qu'il s'exécute mal et se mettra même à faire autre chose, croyant se tromper.

Donnez un « beau bisou », c'est une belle finesse, surtout pour les très petits chiens. L'amour, ça se démontre!

TOURNER ENROND

Annoncez à vos amis que votre chien ne pourra peut-être pas donner son spectacle car il ne va pas très bien, il se sent étourdi, la tête lui tourne. À ces paroles, pour endosser vos dires, votre chien se met à tourner sur lui-même. Soulagez aussitôt la crainte de vos amis en leur expliquant que votre chien aime bien faire son drôle de bouffon.

Ce tour consiste à faire tourner le chien comme s'il courait après sa queue. Placez-vous en face de votre chien. Prenez un biscuit dans la main droite et dites : « Tourne, prends-le ». Quand votre chien s'avancera pour le prendre, faites un cercle avec la main. Le chien suivra le biscuit et, sans s'en rendre compte, il aura effectué un tour complet sur lui-même. Donnez-lui le biscuit et félicitez-le. Il comprendra facilement après quelques jours de pratiques de quelques minutes qu'il doit tourner sur lui-même pour avoir son biscuit.

Vous pourrez alors passer à la deuxième étape. Montrer-lui le biscuit que vous tenez dans la main droite en disant : « Tourne »pour qu'il effectue un tour complet. Il apprendra ainsi à tourner sans voir le biscuit, sachant qu'en revenant face à vous, le biscuit sera encore là. Vous lui donnerez alors le biscuit en le caressant pour lui démontrer que c'est bien ce que vous voulez.

Pour l'inciter à marcher et à tourner, faites semblant de tenir un biscuit, placez votre main à hauteur de votre poitrine et faites une rotation dans le sens où le chien doit tourner. Au bout de quelques jours, le mouvement viendra tout naturellement. Si votre chien connaît le mot « Encore », vous pourrez le faire tourner autant de fois que vous le voudrez. Vous pouvez même lui enseigner de tourner à gauche puis à droite. Vous pouvez vous servir du même principe pour lui apprendre à faire un beau cercle autours de vous.

Vous pouvez modifier l'exercice en vous plaçant à environ trois mètres de votre chien et en lui demandant de venir vers vous en tournant.

Vous pouvez aussi organiser tout un numéro en apprenant à votre chien à tourner lorsqu'on l'applaudit et dire à votre assistance : « Mon chien est comme les vedettes. Plus on l'applaudit, plus la tête lui tourne. Plus on l'applaudit fort, plus la tête lui tourne vite. Lorsqu'on arrête de l'applaudir, il tombe sans connaissance ». Il suffira de lui apprendre à obéir à chaque tour amusant successivement,

En espérant que la vie d'artiste ne lui fera pas tourner la tête!

FAIRE LA RÉVÉRENCE

A la fin d'un spectacle, les gens vous applaudiront certainement. Apprenez à votre chien à accomplir en même temps que vous une gracieuse révérence, une belle courbette, une prosternation en guise d'appréciation pour saluer ses admirateurs.

Placez-vous devant votre chien et répétez : « Une belle courbette» en faisant un signe de révérence de votre main droite. Tout est y en tenant une friandise, mettez votre main devant sa face et dirigez la vers le sol. Les premières fois, il ne comprendra pas le sens de la demande. C'est bien normal tant qu'il n'aura pas fait la relation avec le mot et le geste à accomplir. Poussez lentement sa tête vers l'arrière et vers le bas pour l'amener à pencher un peu son corps. Puis félicitez-le et récompensez-le pour le moindre petit effort. Refaites la demande seulement quelques fois puis passez à la pratique d'un autre tour pour ne pas le stresser.

D'une répétition à l'autre, pour avoir la récompense, il se rendra de plus en plus loin en arrière. Aussitôt que son tête s'approche du plancher, dites : « Une belle courbette» en faisant le signe.

Les pattes de devant doivent être tendues et le derrière relevé. Augmentez le temps que son menton touche le sol, éventuellement votre chien va garder la position, dites : « Reste !». Ensuite, dites le mot de relâche « Ok, c'est fini! » et récompensez-le.

Mieux vaut ensuite ne pas le récompenser quand il est position de révérence car les fois suivantes, il ne fera pas sa révérence avant de voir le biscuit dans votre main. S'il apprend que la récompense survient seulement une fois le tout complété, il sera content de performer sans aucune récompense, juste pour les compliments.

Un jour, il arrivera à faire une belle révérence simplement en vous entendant dire : « Une belle courbette » et vous voir faire le geste. Utilisez parfois des synonymes : « Un beau salut » ou : « Une belle révérence ». Il apprendra facilement à associer le même mouvement aux trois termes. Pour le libérer, donnez-lui le contre-ordre « Ok, c'est fini! » et faites le geste de relâche. L'apprentissage de la révérence varie beaucoup d'un chien à l'autre : certains saisissent rapidement tandis que d'autres comprennent plus lentement.

N'oubliez pas d'impressionner l'assistance : « Mon chien est poli et respectueux. Un noble personnage! Un vrai gentleman ! »

10. POUR UN APPRENTISSAGE DE QUALITÉ

Pour que l'apprentissage soit durable et de qualité, il faut considérer les cinq facteurs suivants :

1. Connaître les 22 principes de base.
2. Choisir des mots pour transmettre les ordres et redire toujours les mêmes.
3. Sélectionner des gestes et des signes bien précis.
4. Habituer le chien à se concentrer sur son maître.
5. Tenir compte du caractère de l'animal.

LES 22 PRINCIPES DE BASE

Divers éléments entrent en ligne de compte dans l'entraînement d'un chien, tant pour lui apprendre à obéir que pour lui enseigner des tours, des finesses, des prouesses. L'ensemble de ces éléments forme un tout harmonieux, gage de succès pour l'élève et le maître.

1. Avant d'entreprendre une leçon, jouez avec votre chien pour le dégourdir un peu : Il sera moins tendu et plus réceptif.

2. Pour l'apprentissage de nouveaux exercices, choisissez un endroit tranquille. Ensuite, pour éviter la routine et pour habituer le chien aux distractions, répétez les exercices mieux connus dans des endroits plus bruyants

3. Plus les exercices ou tours sont nouveaux et difficiles pour lui à comprendre, plus le stress est grand. Lorsque vous enseignez des tours à votre chien, travaillez-en un pendant une minute, puis passez au prochain tour de votre liste. C'est pourquoi une leçon ne dure que quinze minutes.

4. Comme l'entraînement de votre chien est un loisir pour vous deux et non un travail, amusez-vous et, avec le temps, vous serez aussi efficace que n'importe quel entraîneur. De plus, vous développerez une étroite complicité avec votre animal.

5. Pour devenir un pro, observez la règle des quatre « P » : passion, positivité, patience, persévérance.

6. Choisissez toujours trois tons de voix. Si l'animal ne comprend pas tous les mots, il pourra reconnaître par l'intonation s'il s'agit d'un compliment, d'un ordre ou d'une réprimande.

7. Lorsque vous lui enseignez un nouveau tour, aidez-le à plusieurs reprises à accomplir le mouvement de vos mains ou de la laisse pour qu'il finisse par faire le lien entre la demande et le mouvement à effectuer.

8. De courtes répétitions est la clé du succès. Il faut simplement répéter chaque finesse pendant quelques minutes chaque jour durant une leçon, mais pas plus.

9. Prenez le temps d'apprendre la façon de lui enseigner chaque nouveau tour avant de lui demander. Ne montrez pas à l'animal que vous êtes inexpérimenté : il pourrait essayer de vous dominer. Soyez calme, positif, ferme, confiant et patient.

10. Rien ne vaut un compliment, une caresse ou une récompense. Sous la crainte, il devient méfiant, craintif et nerveux ; les périodes de répétitions deviennent insupportables.

11. Établissez un horaire fixe : même heure, même durée.

12. À l'heure de la leçon, soyez dynamique et de bonne humeur. Autant le chien adore répéter lorsque l'ambiance est agréable, autant il déteste s'exécuter si l'ambiance est désagréable.

13. Si vous vous sentez fatigué ou pressé, remettez la séance à plus tard. Quelques minutes d'énervement peuvent gâcher plusieurs jours d'apprentissage. Quand vous dégagez une énergie calme et positive, un chien le perçoit et participe facilement. Si vous êtes nerveux, le chien le ressent et résiste devant cette énergie négative.

14. Vous donnez un ordre qu'il connaît ; le chien va obéir car vous démontrez que vous êtes le chef de meute et en contrôle. Son instinct le pousse à se soumettre à l'autorité; il a besoin de se sentir dominé.

15. L'entraînement est un art un peu compliqué. Lorsque l'animal refuse d'obéir à un ordre qu'il connaît peu, essayez de comprendre pourquoi. Peut-être l'embrouillez-vous en utilisant un autre geste ou un autre mot appris précédemment.

16. Si le chien est trop fatigué, il vaut mieux mettre un terme à la séance. Il n'arrivera plus à se concentrer et il se mettra à détester ce passe-temps.

17. Chaque leçon doit finir sur une note positive. Reprenez donc un exercice que l'animal connaît bien et aime exécuter et félicitez-le.

18. Abordez chaque nouveau tour comme un vrai jeu. Le chien cherchera à vous faire plaisir. Augmentez le degré de difficulté graduellement pour que le chien demeure heureux de participer.

19. Prenez votre temps. Votre chien ne répond pas à une nouvelle demande du premier coup, c'est bien normal. Passez la première semaine à enseigner à votre chien qu'un petit effort annonce une récompense; c'est tout. Le lendemain recommencez les pratiques. À l'école, étiez-vous toujours premier de classe à comprendre les explications ?

20. L'enseignement de finesses est à la portée de tout le monde. Il n'exige aucune force physique: la douceur et la répétition dans un cadre heureux suffisent.

21. Lorsque votre chien a finalement appris une nouvelle finesse, ne lui demandez pas de le répéter trop souvent au cours d'une même séance. Passez à d'autres exercices, sinon il se lassera et se mettra à faire autre chose, croyant se tromper.

22. Efforcez-vous de gagner la confiance de l'animal. Évitez de le malmener psychologiquement en le plaçant devant des exercices difficiles et stressants trop rapidement.

Pour terminer: Lorsque vous traversez une période difficile avec votre chien, relisez ces principes de base et refaites le plein d'énergie positive. La compréhension de ma technique révolutionnaire d'enseignement vous mènera droit au succès. C'est le noyau pour former une équipe gagnante.

LE CHOIX DES MOTS-ORDRES

Le choix des mots-ordres est crucial. Si vous utilisez les mêmes pour le jeu et l'apprentissage de trucs, ils perdront leur sens parce que, dans le jeu, ils ne revêtent pas un caractère sérieux et nécessaire. Il vaut donc mieux réserver certains mots pour les séances de spectacles. Lorsque le chien aura bien compris la signification des mots-ordre, il faudra cesser de les répéter lors d'une demande, sinon votre animal apprendra à réagir lentement.

Un ordre pour une demande doit être donné une seule fois calmement pour suffire à le faire obéir. N'oubliez pas que les mots-ordres doivent garder leur importance et leur signification en tout temps pour que vous soyez satisfait des performances de votre chien. Les mots-ordres courts, clairs, précis sont la méthode de l'excellence pour cette activité !

LA SÉLECTION DE GESTES ET DE SIGNES PRÉCIS

En apprenant à utiliser le langage corporel et visuel que les chiens se servent pour communiquer entre eux, il est facile pour celui-ci de comprendre l'humain. Les chiens parlent entre eux avec leurs corps et avec leurs yeux, servez-vous du mieux possible de ce même langage pour qu'il collabore.

Vous êtes tellement habitués à la vocalisation, que vous ne vous rendez pas toujours compte de vos expressions gestuelles, de vos signaux visuels. Il devient alors important d'être conscient de vos mouvements car il peut facilement mal les interpréter.

Comme le chien a le sens de l'observation et qu'il est capable de faire des associations, il apprendra beaucoup plus facilement si vous joignez le geste à la parole. Votre chien est capable de sauter et de ramper, mais il est incapable d'associer des mots et des signes à ces actions. Aussi, la première fois que vous lui direz : « Rampe », il n'obéira pas. Ne vous imaginez pas qu'il fait la forte tête. Songez plutôt que vous vous adressez à quelqu'un qui ne connaît pas votre langue. Le chien vous regardera avec curiosité, essayant de comprendre, sans savoir ce qu'il doit accomplir. Vous devrez donc lui expliquer en mots simples, accompagnés d'un geste précis, le tout sur un ton calme, ce que vous attendez de lui.

Refaites cette demande à tous les jours. De plus, faites le renforcement physique. Cela demande alors une bonne coordination des mots ordres, des gestes, des récompenses, des caresses, des compliments. Il viendra rapidement à comprendre par association.

Lorsqu'il aura fait le moindre effort pour ramper, exprimé votre satisfaction. Une fois qu'il aura bien saisi la démarche, un seul mot ou un simple geste suffira à le faire obéir. Il comprendra alors que le mot et le geste correspondent à l'action qu'il doit exécuter. Si vous arrivez à vous maîtriser et apprendre à mieux utiliser les bons gestes, votre compagnon se sentira beaucoup plus à l'aise avec vous.

Pour le chien qui est *Couché*, le geste *Debout* correspond à la main droite le long du corps et à la soulever paume vers le bas à la hauteur de la ceinture.

Pour le chien qui est *Assis*, le geste *Debout* correspond à lever la main droite paume vers le bas avec la friandise et en la retournant pour lui signifier de *rester immobile*. Il va suivre le mouvement des yeux et vous dites « *debout* ».

Pour le chien qui est *Debout*, le geste *Assis* correspond d'avoir la main droite à la hauteur de la ceinture et de la baisser paume vers le haut avec la friandise et de la retourner en décrivant un petit cercle. Il va suivre le mouvement des yeux et vous dites « *assis* ». Le *Couche* s'obtient en baissant la main qui tient la friandise vers le bas en disant « *couche* ».

Pour que votre chien obéisse au doigt et à l'œil, joignez toujours le même geste à la même parole. Après plusieurs séances, le signe suffira. Cette façon de faire est utile puisqu'elle vous permet de donner des commandements à distance et de vous faire obéir dans des circonstances où il est impossible de parler à votre chien.

Lorsque le chien aura compris la signification du geste, ne le répétez pas inutilement parce que l'animal apprendra à réagir lentement et il essaiera d'abuser de votre bonté.

Pour résumer, utilisez toujours les mêmes mots-ordres, les mêmes gestes et signes bien précis pour un meilleur apprentissage. Le chien perçoit votre langage corporel.

Plus il vous connaît, plus il est capable de deviner votre humeur et vos intentions par vos postures et mouvements.

HABITUER LE CHIEN À SE CONCENTRER SUR SON MAÎTRE

Pour obtenir de bons résultats, il faut attirer l'attention du chien et la soutenir. Le chef de meute doit devenir le centre d'attraction du chien. Il existe différentes méthodes pour y parvenir.

Par exemple, durant la séance d'entraînement, évitez de prononcer le nom de l'animal lorsque vous lui donnez un ordre qu'il connait sauf pour le rappeler. Autrement, il attendra que vous prononciez son nom plutôt que de se concentrer sur ses exercices. Il vaut mieux insister sur la demande ou le geste pour le faire obéir. S'il se laisse distraire par l'environnement, adoptez le ton de voix qui s'impose et manifestez beaucoup d'enthousiasme pour l'inciter à se concentrer sur votre requête. Vous pouvez aussi secouer la laisse doucement pour attirer son attention et le ramener à l'ordre.

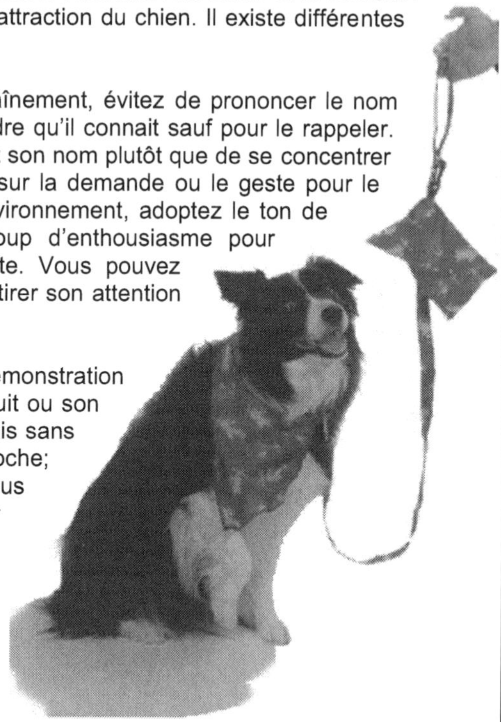

S'il est vraiment distrait durant une démonstration de tours, montrez-lui discrètement un biscuit ou son jouet préféré pour capter son attention, mais sans le lui donner et remettez le dans votre poche; sinon, il s'habituera à obéir seulement si vous lui donnez un biscuit. En l'amenant à obéir de cette manière, vos mises en scènes paraîtront bien meilleures.

Souvenez-vous que le chien peut développer un grand pouvoir de concentration et qu'il est parfaitement capable d'exécuter une demande rapidement.

Un chef de meute doit dégager en tout temps une énergie calme et positive, être détendu puis avoir de l'assurance pour obtenir un chien obéissant et équilibré.

LES DIFFÉRENTS CARACTÈRES

Chaque chien a son propre caractère, comme les humains. Analysez votre chien et renseignez-vous sur les caractéristiques de sa race pour arriver à le classer selon son caractère. Vous obtiendrez de bien meilleurs résultats si vous connaissez bien votre animal. Vous découvrirez des astuces pour faire obéir votre chien selon qu'il est timide, têtu, nerveux ou léthargique.

Le timide

Avec le timide, il faut se montrer rassurant et ne jamais le brusquer ni le gronder. Pendant les nouveaux exercices, replacez-le gentiment aussi souvent qu'il le faut. Restez calme. Reprenez le même processus à tous les jours tant qu'il n'obéit pas. Lorsque vous aurez obtenu satisfaction, félicitez-le et caressez-le.

Le têtu

Avec le têtu, il faut adopter un ton ferme et travailler calmement. Il faut dégager une énergie positive et confiante pour lui démontrer que vous êtes le maître. Au moindre effort, manifestez votre enthousiasme. Caressez-le et complimentez-le beaucoup pour l'amadouer. Inutile de crier : il n'en fera qu'à sa tête et ne vous prêtera aucune attention.

Le nerveux

Avec ce genre de chien, les séances d'entraînement doivent être brèves et elles doivent être précédées de périodes de jeux très actives pour l'aider à se détendre et à dissiper son stress. Il faut le féliciter, mais toujours calmement. Durant un exercice où il doit rester tranquille, il faut constamment le rassurer. Le chien nerveux parvient à contrôler son anxiété plus facilement dans les scènes d'action : il a besoin de bouger, de sauter. La formation est différente mais peut-être rapide si vous savez vous mettre à son niveau.

Le léthargique

Avec le chien léthargique, il faut être particulièrement doux. Il faut beaucoup insister pour en tirer quelque chose. Il faut aussi manifester de l'exubérance et exagérer les gestes et les paroles pour le faire réagir. Le chien léthargique est souvent très intelligent, mais il est paresseux. S'il fait les exercices correctement, mais trop lentement, répétez fréquemment le renforcement physique avec un très bon synchronisme pour lui inculquer de prendre un peu plus de vitesse. Ensuite, félicitez-le. Soyez enthousiasme et patient.

Quoi qu'il en soit, vous devez toujours respecter la personnalité de l'animal. Vous pouvez sans doute améliorer son caractère, mais pas le changer.

11. UN PEU DE PSYCHOLOGIE

Il faut apprendre à bien connaître son chien pour l'aider à progresser. Il faut essayer de se mettre dans sa peau pour comprendre son langage, connaître ses états d'âme et découvrir ses qualités naturelles. Il faut étudier son comportement pour savoir ce qui le pousse à agir et analyser le fonctionnement de sa mémoire pour comprendre comment il arrive à emmagasiner les apprentissages.

SON LANGAGE CORPOREL

Le chien communique avec ses amis canins et son entourage de diverses façons. Il faut reconnaître son langage corporel pour comprendre ce qu'il exprime. Pour celui qui sait observer et veut apprendre, toute une nouvelle langue reste à découvrir. Les chiens sont des animaux sociables et ont développé un langage bien à eux qu'il faut apprendre à décoder peu à peu. Ce langage corporel est utilisé entre deux chiens qui se rencontrent ainsi qu'entre votre chien et vous.

Le chien a lui aussi ses états d'âmes : il peut être de bonne humeur, inquiet, craintif, stressé ou fatigué.

S'il est heureux, il branle la queue pour manifester sa joie. S'il pointe ses oreilles vers le haut, il signale qu'il écoute, qu'il est attentif. S'il marche la queue tournée vers le haut, il affiche un air de supériorité : Il est fier de lui. Le chien qui baisse les yeux et qui s'écrase manifeste sa soumission. Celui qui se place la queue entre les pattes et qui replie les oreilles lorsqu'on lui parle fort manifeste qu'il a peur. Si le poil est hérissé sur son dos, il est sur la défensive : mieux vaut le calmer. Le chien qui est d'humeur égale a les oreilles semi-couchées et la queue à l'horizontale. Il est sans crainte, il est respectueux et a l'intention d'obéir. Prenez le temps de connaitre son langage corporel pour vivre une meilleure relation.

SES QUALITÉS NATURELLES

Pour exploiter au maximum le potentiel d'un chien, il faut connaître ses qualités et ses défauts. Il existe différentes façons de découvrir sa force de caractère, son tempérament et sa combativité en lui faisant faire une foule d'exercices variés. On peut dire que la définition du caractère se traduit comme étant l'apparition de la même attitude face à des situations identiques ou similaires.

Voici les caractéristiques du chien idéal :

- il a un esprit curieux qui lui permet d'apprendre facilement;
- il est très attentif au moindre mouvement et il vous observe de près et de loin;
- il a suffisamment de caractère pour ne pas se laisser impressionner;
- il a la trempe nécessaire pour s'entraîner à des exercices plus difficiles et réagir rapidement;
- il a suffisamment de tempérament pour s'adapter à toutes les nouvelles situations;
- il est assez docile pour consentir à fournir de gros efforts;
- il a suffisamment de combativité pour s'affirmer dans des activités diverses : il désire triompher; il veut être le plus rapide, le meilleur.

Le chien qui présente beaucoup de ces caractéristiques possède l'étoffe d'un vrai champion.

En lisant des ouvrages sur la psychologie canine, vous apprendrez à connaître votre chien et vous pourrez l'aider à développer ses qualités dans un climat agréable.

SON COMPORTEMENT

Si votre chien se comporte bien en général et qu'un beau jour, alors que vous lui donner une séance d'entrainement dans la cour, il s'éloigne de vous en courant sans raison apparente, faut-il vous inquiéter ? Pas du tout : votre chien veut simplement dépenser un surplus d'énergie. Il faut respecter sa personnalité et tenir compte de ses besoins. Votre chien est plein de bonne volonté et cherche à vous faire plaisir, mais il s'attend à ce que vous le respectiez.

C'est par les contacts physiques, les jeux et les exercices que le chien développe son intelligence et son sens de l'observation, mais il ne faut pas trahir sa confiance par maladresse ou parce que vous le connaissez mal.

Durant les pratiques, votre ami canin utilise des signaux gestuels pour dire de vous détendre. Il peut utiliser plusieurs comportements pour vouloir détendre l'atmosphère. Les signaux les plus communs sont renifler parterre, le bâillement, se gratter ou se secouer. Il peut le faire en pleine leçon d'obéissance. Il ne le fait pas pour dire que vous l'ennuyez ! Il essai seulement de détendre l'atmosphère donc : détendez-vous et demandez-lui un tour plus facile pour que votre chien réussisse bien puis félicitez-le. Arrêtez de stresser votre compagnon et surtout ne le grondez pas s'il se moque de vous.

Le potentiel du chien est trop souvent gâché par ignorance. Il ne faut pas croire qu'il n'est bon qu'à faire des tours et à vous obéir. Avec de la passion et du temps de qualité, vous développerez une grande complicité avec votre animal.

Avant d'entreprendre une leçon, si le chien semble amorphe, faites une séance de réchauffement pour le stimuler. Si, au contraire, il est turbulent et hyperactif, calmez-le en jouant avec lui pendant une dizaine de minutes. Organisez des pratiques qui ont du rythme, du tempo pour rendre cela plus intéressant.

En l'observant plus soigneusement, vous serez en mesure de mieux comprendre quand votre chien veut juste faire à sa tête, quand il est nerveux et aurait besoin d'un petit réconfort de votre part. Votre chien ne veut que s'amuser et ce passe-temps doit rester un jeu pour former une équipe solide avec lui.

Vous trouvez peut-être qu'il y a beaucoup de choses à retenir pour simplement enseigner un bon comportement et quelques tours à votre chien ? Tout cela est bien vrai mais n'oubliez pas que votre chien apprendra quinze fois plus vite et que vous saurez en faire une vedette si vous connaissez bien son comportement. L'étude du comportement est la base de la réussite avec les autres ; c'est une richesse personnelle.

SA MÉMOIRE

Les gens qui ont le même chien depuis plusieurs années affirment qu'il comprend tout et qu'il peut même deviner leurs intentions. Ils exagèrent à peine... En effet, la mémoire du chien est phénoménale. Il suffit de l'aider à la développer.

Cette mémoire peut prendre divers aspects : elle peut être associative, affective, mécanique, conditionnée, intuitive et latente. C'est en développant tous ces aspects que le chien peut retenir tous les tours qu'on lui enseigne.

Parlez-lui tous les jours et vous verrez qu'il comprendra le sens du discours même s'il ne comprend pas le sens de chaque mot. Poussez l'expérience plus loin et vous découvrirez qu'il peut comprendre la signification de centaines de mots et de gestes, ainsi reproduire à votre demande un acte composé de plusieurs volets. Par la suite, il vous sera possible de lui enseigner des synonymes pour exercer sa logique et qu'il comprenne votre langage lors de spectacles.

Sa mémoire, alliée à une ouïe très sensible (cent fois plus que celle de l'oreille humaine) et à un sens de l'odorat très développé, reste son meilleur atout pour faire valoir son intelligence. Ainsi, les gens diront que ce n'est pas possible mais que votre chien comprend presque tout.

Un vrai génie en herbe!

12. MES FORMIDABLES MÉTHODES D'ENSEIGNEMENT

On a longtemps cru auparavant que, pour entraîner un chien, il fallait user de force et de brutalité. Or, rien n'est plus faux. Heureusement, cette mentalité est aujourd'hui révolue. Désormais, le chien fait partie de la famille et il est considéré comme un être à part entière.

Ma méthode comprend quatre subdivisions qui ont été développés pour apprendre des finesses à votre chien dans une atmosphère agréable : la méthode positive, la méthode passive, la méthode théâtrale et la méthode par la juxtaposition des ordres.

LA MÉTHODE POSITIVE TENDRESSE: SUCCÈS GARANTI

La méthode positive tendresse consiste à éduquer un chien un peu comme un petit enfant, en le motivant et en lui apprenant des mouvements par la répétition quotidienne dans un cadre chaleureux pour développer ses aptitudes. Il faut le féliciter pour ses bons coups et ne jamais approuver un mauvais comportement.

Pendant toute sa vie, le chien est comme un enfant : il éprouve des sentiments de joie, d'amour, de peine et de frustration. Il faut l'éduquer en faisant preuve de compréhension, de souplesse et de bienveillance. Il s'agit de dégager une énergie calme et ferme sinon votre chien ne vous écoutera pas. Il ressentira votre nervosité et il résistera devant cette attitude négative. Détendez-vous, c'est un passe temps pour s'amuser.

Les problèmes d'obéissance, les peurs, les phobies sont provoquées par une personne qui ne dégage pas une bonne énergie. Pour avoir un chien équilibré et obéissant, il faut simplement avoir de l'assurance et démontrer de l'affection quand il se comporte bien. Un chien bien traité fera l'impossible pour vous plaire.

La méthode positive nécessite simplement de la répétition et de la tendresse : il faut mettre le chien en confiance, lui parler gentiment et le sécuriser. L'amour d'un chien et l'apprentissage de bons tours ne s'achètent pas, ils se méritent tous les jours. Avec cette méthode, les risques d'erreurs graves sont faibles, peu de craintes d'anéantir plusieurs semaines d'apprentissage, même si vous êtes inexpérimenté, vos efforts sont récompensés. Toutefois, il faut demeurer ferme et dégager une énergie calme et positive.

Lors d'une pratique d'entrainement, quand le chien n'obéit pas, il ne faut ni le gronder ni le punir, mais il faut le replacer gentiment en position et reprendre l'exercice quelques fois à tous les jours jusqu'à ce qu'il ait bien compris. Lorsque qu'il reçoit des félicitations pour un comportement souhaité, il apprend à être intéressé à faire les bonnes choses, au lieu de sombrer dans un manque d'intérêt.

À mesure que vous entraîner ainsi votre chien, vous créez une relation basée sur la confiance et la compréhension. Il peut alors apprendre beaucoup plus rapidement et facilement. Vous réaliserez qu'il est capable d'accomplir des actions incroyablement complexes. Il s'agit simplement d'en faire un jeu amusant.

Il faut apprendre à imposer son leadership de façon respectueuse. Il retiendra que s'il obéit, son maître est heureux. Il faut avoir du plaisir durant le temps de l'apprentissage, c'est une des clés importantes du succès. Chaque nouveau défi vous donne la chance de pratiquer votre talent de chef de meute. Un bon prof enseigne dans une atmosphère de jeu.

Ainsi, en pratiquant de la bonne façon, vous pouvez lui enseigner 15 tours amusants en seulement 30 jours et cela en 15 minutes par jour. Au bout de quelques mois, votre entourage dira que vous êtes tous les deux des vedettes.

La méthode positive tendresse, c'est une approche naturelle pour faire l'éducation, l'entraînement, le conditionnement de votre chien dans une atmosphère de plaisir, non pas dans stress.

N'oublions pas qu'on a toujours le chien qu'on mérite!

LA MÉTHODE PASSIVE : BOULEVERSANTE

La méthode passive est l'art de détecter ce que vous allez enseigner à votre chien en observant ses mouvements et de lui inculquer exactement à ce moment-là le sens précis de son action. Plus vous jouez avec votre chien, plus vous apprenez à connaître ses gestes habituels et à prévoir sa réaction dans une situation donnée. C'est un petit jeu de constance et d'observation car vous voudrez lui faire comprendre plusieurs choses de cette façon. De plus, il apprendra dans une atmosphère de plaisir.

Vous pourrez en profiter pour l'initier à plusieurs mouvements de base comme « couche, assis, debout, mort » qu'il fait déjà par lui-même. Il s'agit de repérer un indice qui vous indiquera que votre chien se prépare à accomplir telle ou telle action et tirer profit de vos observations. Profitez aussi au maximum de ces instants pour tenter de saisir la façon de le remettre une seconde fois en action. Il en arrivera à comprendre que s'il répète le dernier geste accompli, il recevra un bon biscuit et des compliments.

Ensuite vous pourrez lui inculquer des mouvements moins courants comme se gratter, bailler, se secouer. Ainsi, au moment où votre chien s'apprête à se gratter par exemple, dites-lui : « As-tu des puces ? Gratte ! » Faites mine de vous gratter au même moment. Récompensez-le. Félicitez-le. Reprenez le même scénario chaque fois qu'il se gratte. Comme il peut répéter cet acte assez souvent par lui-même et que chaque fois vous lui répétez le mot-ordre et le geste nécessaire, il comprendra que l'action qu'il fait s'associe au mot que vous prononcez et au geste que vous faites. Profitez de l'occasion pour lui faire répéter son geste une seconde fois, puis une troisième fois en lui offrant un biscuit. Il comprendra qu'en répétant une action, il reçoit une récompense et des félicitations.

Faites-en une distraction, soyez très enthousiaste. Il se tiendra prêt à vous écouter et à obéir. Il finira par se gratter simplement en entendant : « As-tu des puces ? » C'est ce que l'on appelle l'association par la motivation positive. Développez cette méthode d'entraînement dès le début de l'apprentissage. Le but de cette méthode d'entraînement est que votre chien prenne plaisir à obéir. Cette méthode commence donc par le jeu dans lequel vous imitez votre chien pour lui faire comprendre ce que vous attendez de lui.

La méthode passive est une méthode permanente qu'on emploie dès que la situation se présente, partout et en tout temps. Il suffit d'observer l'animal.

LA MÉTHODE THÉÂTRALE : L'OBÉISSANCE PAR LE STYLE LIBRE

Cette méthode est tout indiquée pour les spectacles. Il s'agit de comprendre que votre chien peut obéir dans ce loisir de façon moins rigoureuse que durant un cours d'obéissance. Il jouit d'une certaine liberté et peut exprimer sa personnalité. Il travaille dans une ambiance plus détendue. Il doit être capable de prendre l'initiative et de s'exécuter à sa manière cependant il doit comprendre qu'il faut écouter.

Tout devient un jeu, peut-être encore sérieux mais un jeu.

Avec cette méthode, le chien apprend à bouger de façon plus naturelle, détendue et peut devenir un meilleur acteur. Cela rehaussera aussi la qualité visuelle ainsi que l'ensemble complet de la représentation.

Voilà qui dénotera aussi une différence entre un apprenti entraîneur inexpérimenté et un futur expert entraîneur, ouvert à toute nouvelle méthode d'enseignement.

LA MÉTHODE PAR LA JUXTAPOSITION DES ORDRES: INCROYABLE

Vous faites des pratiques quotidiennes de quinze minutes depuis environ un mois ou deux dans lesquelles vous pratiquez environ plusieurs tours amusants. Vous êtes maintenant prêt tous les deux à passer à une méthode plus avancée.

Cette méthode est utilisée pour apprendre à votre chien le sens de performances plus compliquées, qui nécessitent une succession de mouvements. Il doit apprendre à enchaîner trois ou quatre exercices pour créer une mise en scène plus élaborée. Il faut procéder par étapes. D'abord, le chien fait chacun des exercices individuellement. Ensuite, en analysant la situation, il faut trouver un moyen pour amener le chien à enchaîner les exercices à partir d'un seul commandement. Au début, il commettra sûrement plusieurs des erreurs. C'est bien normal ; il faudra alors apporter les ajustements nécessaires dans le calme pour qu'il comprenne le lien entre chaque bout de la mise en scène afin qu'il puisse réussir à donner un sens à tout cela.

Il faudra répéter l'ensemble pour qu'il comprenne le lien entre les exercices. Il finira par tout mémoriser, les associer mentalement et physiquement. Il faut cependant suivre une progression logique.

A la longue, il reconnaîtra entièrement la mise en scène et il suffira de dire un mot clé. Voyez l'exemple du tour : *Ramener un mouchoir.* Il répondra à vos attentes par un acte bien précis comprenant plusieurs volets ou mouvements par une seule expression « Atchoum », simplement en reconnaissant la mise en scène.

La juxtaposition des ordres n'est pas un apprentissage difficile car il comprend déjà les principaux exercices. Avec le temps, il comprendra la mise en scène et sera capable de jouer son rôle. Pour aider le chien à évoluer mentalement, il ne faut jamais l'énerver même s'il ne comprend pas aussi vite que vous le souhaiteriez. Donnez-lui du temps sinon il deviendrait stressé et s'embrouillerait encore davantage.

Vous voulez que votre chien joue des rôles plus sophistiqués, alors en tant que professeur, il vous faudra apprendre et pratiquez les méthodes décrites dans ce livre pour parfaire votre éducation.

13. L'OBÉISSANCE SECONDE

Après avoir suivi un cours d'obéissance élémentaire et appris quelques tours faciles, il serait bon de revoir les chapitres précédents et de relire les passages plus difficiles. Cela vous permettra d'effectuer un travail de récapitulation générale et vous pourrez alors apporter les correctifs nécessaires à votre façon de travailler et peaufiner certains exercices. Vous serez surpris de voir et de comprendre bien des choses sous un angle et un œil bien différent.

Maintenant que vous connaissez mieux votre animal et que vous vous sentez plus à l'aise, vous pouvez lui enseigner des tours plus difficiles et l'aider à développer son potentiel. Vous pouvez aussi vous inscrire à un cours d'obéissance plus avancé. Vous y apprendrez comment enseigner à votre chien à suivre sans laisse, à avancer et à reculer, à refuser d'obéir aux étrangers et à faire des exercices de contrôle, tout cela à distance, à partir d'un simple mot ou d'un geste. Si vous avez déjà suivi ce cours, révisez sérieusement ces mêmes exercices, dans la mesure de vos capacités. Si vous avez besoin d'aide pour quelques détails, retournez voir votre professeur.

Voici une révision de quelques exercices que le chien doit apprendre avant de passer aux tours plus avancés décrit dans le livre.

METTRE LA PATTE DESSUS

Le chien doit apprendre à mettre ses pattes de devant sur un objet à votre commandement.

Comme il sait donner la patte, agenouillez-vous devant lui, tendez la main droite avec un biscuit et dites: « Patte dessus ». Au moment où il avance sa patte, glissez une planche sous sa patte et donnez-lui le biscuit. Répétez cette étape seulement quelques minutes pendant plusieurs jours.

Quand il mettra la patte sur la planche dès que vous lui direz : « Patte dessus », enseignez-lui à la mettre sur d'autres objets. Tapez sur l'objet en disant : « Patte dessus » et aider lui gentiment à la mettre-la dessus s'il le faut. Dès qu'il touche l'objet et qu'il laisse sa patte dessus au mot « Reste », donnez-lui un biscuit. Il comprendra rapidement qu'il doit laisser sa patte sur l'objet pour avoir un biscuit. Il devrait l'y laisser tant que vous n'aurez pas dit : « OK, c'est fini. »

Reprenez l'exercice quelques minutes tous les jours pendant quelques temps en utilisant divers objets. Si votre chien à un moment de la journée vient poser ses pattes sur vous, il veut peut-être attirer votre attention et vous indiquer que c'est l'heure de la promenade.

DÉFENSE DE MORDRE

L'animal doit apprendre très tôt à ne pas mordiller tous les objets, sinon l'habitude sera difficile à perdre. Cependant, vous pouvez lui laisser des jouets qu'il pourra mordre à sa guise et en réserver d'autres pour les tours.

Si votre chien gruge la balle, le bâton ou un objet qui sert à son entraînement, faites-lui comprendre que c'est interdit en lui enlevant l'objet et en lui disant : « Ne mords pas. Pas ça » pour l'empêcher de le mâcher. Après plusieurs reprises, il comprendra que « Ne mords pas » signifie qu'il ne doit pas mâcher l'objet qu'il tient dans sa gueule. Ce terme peut être utile dans plusieurs situations. Un point à retenir lorsque vous lui demandez de prendre la balle et de vous suivre, et qu'il se met à la mordiller, si vous dites : « Non! », il croira qu'il a mal compris et laissera tomber la balle; si vous dites : « Ne mords pas », il comprendra qu'il fait la bonne action en vous suivant, mais qu'il ne doit pas mordre la balle.

LE MOT ENCORE

Ce mot sert à faire comprendre au chien qu'il doit répéter le même mouvement. Par exemple le tour *Se rouler sur lui même.* Vous lui dites « Roule » et faites le geste. Lorsqu'il se roule sur lui-même, vous n'avez qu'à lui redire : « Encore » et refaire le geste pour qu'il recommence une autre fois. Généralement, il comprendra assez rapidement parce qu'il aime bien refaire un exercice qu'il connaît pour un compliment. Au début, au lieu de répéter : « Roule » pour une seconde fois, vous dites : « Encore Roule ».

Après plusieurs répétitions de quelques minutes échelonnées sur plusieurs jours, vous espacez les mots : « Encore........ Roule. » Lorsqu'il roulera une seconde fois avant même que vous n'ayez eu le temps d'ajouter : « Roule », cela signifiera qu'il a compris et vous pourrez le supprimer.

Une fois qu'il a compris le sens du mot *Encore*, Vous pouvez l'appliquer à tous les exercices. Montrez-lui un biscuit et donnez-le-lui. Attendez qu'il ait fini de le manger et présentez-lui-en un autre en disant : « Encore... biscuit ». Vous verrez qu'il comprendra rapidement ce que ça signifie... en le voyant se balancer la queue.

Ce mot est très utile, car il vous permet de lui faire répéter un tour à volonté pour obtenir une meilleure finition. Dites-le sur un ton bien enthousiaste et il y portera encore davantage attention.

POUSSER, RENVERSER

Pour cet exercice, utilisez un objet facile à faire tomber. Placez-vous d'un côté de l'obstacle et placez votre chien, de l'autre. Attirez-le avec un biscuit et demandez-lui de mettre ses pattes sur l'obstacle en disant : « Mets tes pattes dessus », un mouvement qu'il connait. Ensuite, dites : « Pousse, viens ! » ou : « Renverse, viens! » en tirant sur sa laisse pour l'inciter à pousser sur l'obstacle avec ses pattes et à le renverser.

Bougez un peu l'obstacle avec vos mains en disant : « Pousse, viens! ». Comme il ne faut qu'une petite poussée, il réussira. Donnez-lui un biscuit aussitôt. Recommencez plusieurs fois pour lui faire comprendre qu'il doit renverser l'obstacle avant de recevoir un biscuit. Manifestez beaucoup d'enthousiasme dès ses premiers succès parce que, généralement, lorsqu'il renverse un objet, il a droit à des remontrances.

Refaites cet exercice à tous les jours pendant quelques minutes. Quand le chien comprendra le sens des mots *pousse* et *renverse*, vous pourrez utiliser des obstacles plus difficiles à renverser pour qu'il apprenne à pousser plus fort.

Ensuite, vous pourrez l'envoyer au-devant de vous pour pousser des objets.

ALLER SUR SON LIT

Pour apprendre à votre chien à aller se coucher sur son tapis ou dans sa cage, dites-lui : « Va au lit. » en faisant geste de la main gauche.

Pour cet exercice, il est important de travailler sans laisse. Conduisez-le à sa place et tapez sur le tapis en disant : « *Au lit* ». Il verra la friandise. Il pourra ainsi associer positivement le mot et l'objet. D'une voix ferme, dites-lui : « Couche! Reste! ». Au début, laissez-le garder la position seulement pendant quelques instants. C'est vous qui le libéré de cette position par le mot de relâche « C'est fini » ou bien « Ok » tout en claquant des doigts. Il peut alors venir vous rejoindre. Puis caressez-le et félicitez-le.

S'il essai de se relever, intervenez aussitôt et dites « Non » et donnez l'ordre « Couche, reste » tout en le replaçant de vos mains.

Pour ne pas lui laisser croire que c'est une punition, installez-le tapis à un endroit d'où il peut voir toute la famille. Faites cet exercice quelques fois durant toutes vos pratiques journalières.

Recommencez souvent la même démarche. Puis augmenter peu à peu, le temps qu'il doit garder la pose. S'il vient vous rejoindre sans que vous ayez donné l'ordre de relâche « Ok», allez simplement le reconduire en disant « Va au lit. Reste ».

Il finira par comprendre qu'il doit attendre le mot de relâche « *Ok, c'est fini* » avant de vaguer à ses occupations.

Il se dira qu'après tout l'endroit est agréable et il s'y rendra volontiers. Vous pourrez ensuite lui dire : « Va au lit » ou : « Va faire dodo » et il comprendra.

Maintenant, après tous ces petits efforts d'apprentissage, une petite sieste bien méritée serait la bienvenue !

TIRER DESSUS

Bien sûr, votre chien n'apprendra pas tous les tours, les prouesses proposés dans ce livre, mais selon ses aptitudes, vous pourrez choisir ceux qui lui conviennent.

La prochaine performance convient à plusieurs chiens. Agacez votre chien avec un jouet ou un foulard imprégné d'une bonne senteur d'aliments en disant : « Tire dessus, prends-le ! » Dès qu'il s'en empare, dites : « Garde-le.» Engagez un petit combat pour savoir qui gardera l'objet; au bout de quelques instants capitulez. Comme il a l'impression de gagner, il s'habituera à serrer l'objet entre ses dents et à tirer dessus. La plupart des chiens adorent ce jeu.

Au début, tirez doucement pour l'habituer à ce jeu, mais peu à peu au fil des jours, offrez une plus grande résistance pour faire durer ce combat. Pour lui faire lâcher prise, dites simplement : « Lâche, Ok, c'est fini ». Comme dans tout apprentissage, il ne faut jamais le forcer à accomplir une finesse afin de ne pas lui enlever son enthousiasme. Certains chiens prendront tellement de plaisir à participer à cette activité qu'ils vont même aimer se laisser virevolter au dessus du sol.

Pour le métier d'entraîneur de chiens pour personnes handicapées, cet exercice vous sera utile pour lui apprendre différentes tâches à accomplir.

14. COMMENT DEVENIR UN EXPERT ENTRAÎNEUR

Pour devenir un bon entraîneur, il faut être un bon chef de meute. Il faut faire preuve d'ingéniosité et développer des astuces pour amener votre chien à évoluer. Il faut tâcher d'impressionner positivement votre chien.

Avant d'enseigner des tours plus difficiles, il faut analyser le comportement de son chien pour savoir comment l'aborder pour le faire progresser. Les leçons doivent toujours se dérouler dans une atmosphère détendue et les explications doivent être brèves. De plus, il faut planifier chaque séance de manière à rendre l'entraînement intéressant et à insuffler du rythme. Il faut stimuler l'animal pour susciter en lui le désir de réussir, trouver des moyens pour le calmer et découvrir la meilleure façon de le rendre réceptif à des ordres verbaux et aux signaux manuels, tout cela en tenant compte de son caractère et de la situation.

Si vous avez l'étoffe d'un bon entraîneur, nul doute que vous le deviendrez. Toutefois, il y aura toujours certains facteurs à considérer. Ainsi, il faut respecter le rythme de formation de l'animal et toujours travailler dans la bonne humeur. Certains chiens apprennent plus vite que d'autres.

Étiez-vous le premier à l'école dans toutes les matières ?

Lorsque votre chien ne parvient pas à comprendre vos explications, il vaut mieux interrompre la séance, réfléchir à votre façon de travailler et trouver une meilleure façon de procéder. Il faut apprendre à l'entraîner, le former, le perfectionner dans le plaisir. Le chien emmagasine toutes les connaissances et finira par les assimiler.

Il faut passer beaucoup de temps agréable avec un chien pour bien l'entrainer. Comme toujours, il vaut mieux l'initier à plusieurs tours et les perfectionner au fil des répétitions plutôt que de chercher à parfaire un seul tour à la fois dans la pratique de quinze minutes.

Un bon entraîneur doit être souple pour lui faire vivre des situations quelques peu stressantes pour lui de façon agréable, sincère pour être agréable malgré le manque de concentration de son chien, compréhensif malgré ses erreurs.

Un bon éducateur doit être tolérant pour ne pas s'emporter dans l'impatience, encourager les bons coups, féliciter toute amélioration, donner confiance par ses nombreux compliments ainsi gagner le respect de son chien et de son entourage.

Avec du temps et des répétitions quotidiennes bien préparées, vous deviendrez un vrai pro, et votre chien, un vrai savant.

15. UN ARTISTE DANS L'ÂME

Après avoir enseigné différents tours à votre chien, il faut organiser des mises en scène pour les présenter. Montez un petit spectacle et présentez-le aux membres de votre famille. Pour l'entraîneur et le chien, c'est très important de prendre l'expérience de la scène, du public. Votre chien s'habituera à ce genre de divertissement et il prendra son rôle d'acteur au sérieux.

Il appréciera les applaudissements et fera tout pour séduire son public. Cependant, il aura ses sautes d'humeur ou bien il sera moins en forme mentalement ou physiquement : certains jours, la vedette se montrera capricieuse et sa performance s'en ressentira.

Comme votre chien a son caractère propre, il faudra apprendre à s'adapter à cette situation malgré tout en le manipulant dans une atmosphère joyeuse, positive et remplie d'enthousiasme. C'est ce que l'on appelle les hauts et les bas de la vie d'artiste.

LA VÉRITÉ SUR LES SIGNES SECRETS

Pour faire de votre chien une véritable vedette, il faut lui enseigner la méthode des signes secrets. Il faut donc apprendre comment se faire à obéir à partir d'un signe à peine perceptible comme un mouvement du corps, un geste de la main ou une mimique.

Bien qu'il utilise aussi des sons comme le jappement, l'hurlement, le grognement ou le gémissement pour communiquer, la plupart de ses paroles sont des gestes. Les chiens communiquent entre eux par le langage corporel et certaines expressions faciales. Ils sont de très bons observateurs de chiens comme d'humains : ils commencent par reconnaître leurs postures en général, droite et assurée, détendue ou tendue, démarche aisée ou dos courbé et posture incertaine. Ensuite, ils s'occupent des gestes individuels et expressions faciales : gestes saccadés ou normaux, agressant ou peureux, visage tendu et rigide ou souriant. Ils sont donc capables de comprendre facilement beaucoup de vos gestes et mimiques.

Vous avez inscrit sur votre liste d'entraînement, le nom du tour, le mot-ordre, et le geste-ordre, maintenant il vous faudra apprendre à rapetisser votre geste pour en faire un signe très discret.

Prenons l'exemple suivant : Votre chien est assis à votre gauche et vous voulez qu'il se lève par télépathie. Vous dites simplement son nom et, sans même ajouter : « Debout », il se lève. Que s'est-il passé ? Au moment où vous avez dit son nom, vous avez légèrement fléchi le genou gauche. Bien sûr, au début, il faut exagérer le mouvement pour que le chien comprenne, mais peu à peu, un tout petit signe suffira.

En gesticulant normalement, vous pourrez insérer le signal pour plusieurs finesses. Comme il a appris à obéir par un simple geste, exploitez cette capacité naturelle du chien. Il apprendra à obéir sur le même geste, si petit soit-il. Avec la pratique, les signes deviennent imperceptibles aux yeux des spectateurs, car vous transmettez vos demandes au chien dans une démarche normale.

Vous pouvez aussi demander à quelqu'un de vous observer lors de pratiques pour découvrir le petit geste ou bien votre mouvement qui revient toujours lors d'un exercice. Vous pourrez ensuite l'inculquer à votre chien. Aussitôt qu'il saisira votre mimique particulière, ça déclenchera chez lui, une réponse automatique. Si vous voyez qu'il entreprend plutôt autre chose, faites plutôt une grimace ou des gros yeux en disant « PAS ÇA ».

De plus, habituez-vous à vous placer votre corps de façon à ce que le public ne vous voit pas passer vos signes-ordres.

Durant les pratiques journalières, effectuez le moins de gesticulations non nécessaire et quand vous poserez votre geste secret, votre chien en viendra à comprendre qu'il a sa raison d'être, cherchera ce qu'il veut dire pour l'apprendre, puis il exécutera votre demande.

Tout comme un magicien, Ne révélez jamais vos petits signes secrets; vous risqueriez de rompre le charme de vos spectacles.

APPRENDRE À RENDRE VOTRE CHIEN SOCIABLE

Plus vous amenez votre chien partout, plus vous lui apprendrez à devenir sociable. Il s'habituera aux gens, il apprendra à se laisser flatter et à jouer avec d'autres. Présentez-le formellement et répétez souvent le nom des personnes : il s'en souviendra. Quand il sera devenu très docile, laissez-le jouer avec les enfants du voisinage. Auparavant, assurez-vous qu'il n'interprétera pas les cris aigus ou les gestes maladroits comme une menace.

Habituez votre chien à vivre des situations différentes avec des personnes différentes. Une personne qui porte un uniforme ou un accoutrement inhabituel, un inconnu qui gesticule, une personne qui se dirige rapidement vers lui sont autant de raisons qui peuvent provoquer une réaction bizarre chez un chien qui n'a pas été assez socialisé, qui n'est pas habitué à sortir de chez lui : il peut devenir agressif ou peureux.

Plus votre chien sera placé dans des contextes différents, plus il deviendra sociable. Il aimera rencontrer les gens, sera à l'aise, et il prendra du plaisir à donner des spectacles.

VOTRE COLLABORATEUR MALGRÉ TOUT

Même si le chien adore donner des petits spectacles pour les applaudissements car il est bien traiter, il se trompe fréquemment. Il faut essayer d'apprendre à bien camoufler ses erreurs sinon vous perdrez votre crédibilité de bon entraîneur et votre charme vis-à-vis du public.

Quand il se trompe au cours d'une répétition, profitez-en pour imaginer un texte humoristique qui pourra vous servir en spectacle. L'humour est une excellente façon de vous tirer d'un mauvais pas et de rappeler le chien à se concentrer.

Considérez que l'erreur fait partie du spectacle et préparez-vous à toute éventualité. Rappelez-vous que vous former une équipe avec votre chien et que vous devez toujours essayer de le couvrir, comme un acteur qui essaie d'aider un camarade qui a un trou de mémoire sur scène. Le tout est une question de respect mutuel.

C'est le résultat final qui est important, c'est-à-dire paraître tous les deux à votre avantage, comme les meilleurs. Malgré ses petites erreurs, il faut l'aimer pour le meilleur et le pire, c'est votre partenaire.

L'HABITUDE DU BRUIT ET DE LA FOULE

Il est essentiel d'habituer votre chien aux bruits et à la foule le plus rapidement possible. Au début, emmenez-le dans un parc pas trop achalandé. Ensuite, promenez-le dans des rues passantes. Il doit apprendre à se sentir à l'aise partout. S'il commence à s'énerver, rassurez-le, faites-lui comprendre qu'il n'a rien à craindre et quittez l'endroit. Recommencer dans un endroit plus tranquille pour l'habituer.

Il faut dégager en tout temps une énergie calme et positive. Le chien ressent exactement ce qu'on ressent, il se calmera car il n'y verra aucune nervosité de votre part.

Lorsque vous recevez des invités à la maison, laissez-le circuler librement. Durant les répétitions, faites jouer des enregistrements de bruits de foule et d'applaudissements pour reproduire l'atmosphère d'un spectacle. Lorsque vous donnez une petite représentation devant la famille, n'obéissez pas à ses quatre volontés, sinon il vous tiendra tête durant les spectacles.

Il faut démontrer une énergie calme et ferme pour que votre chien vous ressente comme le chef de meute. Il doit comprendre qu'une représentation est un jeu amusant mais toujours important, que vous lui demandez une bonne performance quel que soit l'endroit. Votre chien développera ainsi l'habitude de performer de façon sérieuse, peu importe le bruit.

Les applaudissements deviendront pour lui un véritable stimulant; la pression fera grimper son taux d'adrénaline : il sera alors un artiste accompli.

16. DES TOURS DE SAVOIR-FAIRE

Votre chien a appris à faire ses tours d'une certaine façon lors de nombreuses pratiques positives. Il reconnaît la mise en scène, se met en place, exécute les mots-ordres ou les signes, et joue son rôle de son mieux. Il sait par expérience que vous demandez toujours un bon résultat.

Le chien s'exécute par plaisir, mais quand il est fatigué, cela devient une corvée. S'il manque vraiment d'entrain et de concentration au cours d'une répétition de spectacle, il vaut mieux prendre un temps d'arrêt et revenir à la charge plus tard.

La répétition d'un spectacle ne doit jamais durer plus d'une quinzaine de minutes et doit toujours être bien orchestrée. En bon professeur, préparez bien vos cours. Donnez-les à un rythme régulier et surtout, à la vitesse d'apprentissage de votre fidèle partenaire.

LA VIE DE FAMILLE !

Vos amis seront ravis de voir votre chien s'asseoir gentiment à la table.

Vous avez bien éduqué votre petit chien et vous voulez qu'il s'installe à table. Rien de plus facile! Désignez-lui une place...de préférence à côté de vous.

Dites : « A table, viens! » Tapez sur la chaise à côté de la vôtre. Lorsqu'il sera installé, pour le tenir en place, il suffira de lui donner un biscuit.

Ensuite, habituez-le à venir à table en disant : « Viens à table. » Enseignez-lui à rester pendant quelques minutes. Pour qu'il y parvienne, montrez-lui un biscuit mais attendez avant de lui donner.

Votre chien prendra un plaisir à ce jeu et s'y prêtera volontiers. Il s'agira de prendre des photos pour avoir de bons souvenirs de toute la famille.

FAIRE SA PRIÈRE

Au début de la représentation, vous pouvez avertir le public que votre chien débute dans le monde du spectacle et qu'il est préférable de faire une petite prière pour que tout se passe bien.

Agenouillez-vous et dites-lui : « Viens faire ta prière. » Débutez ensuite la prière en disant : « Seigneur, faites que mon chien puisse donne un excellent spectacle, et ne commence pas à faire le bouffon, etc. » À la fin de cette prière, ajoutez : « Amen. » Votre chien se relève.

Et que le spectacle commence!

Faites asseoir votre chien et tapez sur votre cuisse en disant : « Mets tes pattes dessus. » S'il le faut, aidez-le à se placer et incitez-le à garder cette position pendant quelques instants en disant « Reste ».

Ensuite, montrez-lui un biscuit et amenez-le à placer sa tête entre ses pattes en disant : « Fais ta prière. » Glissez votre main tenant le biscuit sous votre cuisse pour l'amener à incliner la tête entres ses pattes. S'il le faut, poussez doucement sur sa tête en disant : « Reste. » Comme il voit mais ne pourra pas attraper le biscuit, il gardera la tête penchée pour ne pas le perdre de vue.

Donnez-lui le biscuit et félicitez-le. Reprenez cette étape pour lui faire comprendre le sens de « Fais ta prière ». Quand il sera parvenu à mettre sa tête entre ses pattes et à rester dans cette position, vous pourrez retirer votre main. S'il tente de la relever, repoussez-la doucement vers l'intérieur et dites-lui : « Fais ta prière. Reste. »

Il s'habituera à le faire pour les nombreux compliments et récompenses. Peu à peu, vous pourrez rallonger le temps de prière.

Le chien apprend par de nombreuses et brèves répétitions. Reprenez l'exercice quelques fois pendant quelques minutes chaque jour pendant le temps nécessaire. Il viendra à faire la relation entre le mot-ordre et le geste qu'il doit accomplir. Il faudra être particulièrement patient pour cet exercice et ne pas brusquer l'animal. Le chien préfère voir ce qui se passe autour de lui.

Il doit apprendre à vous faire aveuglement confiance et à être très obéissant. Répétez aussi dans des endroits plus bruyants.

A la fin de la prière, vous pouvez dire : « Amen, ok c'est fini. » pour que le chien se relève.

« Quel être pieux que mon chien! »

LE CONCOURS D'ÉPELLATION

Le concours d'épellation est un petit test d'aptitudes vieux comme le monde qui remporte toujours autant de succès. Demandez aux enfants qui assistent au spectacle s'ils ont bien appris leurs leçons et expliquez-leur que votre chien va lui aussi à l'école, qu'il est rendu en troisième année, suit des cours de français et qu'il apprend à épeler des mots.

Pour être plus interactif avec votre public. Annoncez-leur que vous aller faire un concours d'épellation et invitez quelques enfants à venir s'asseoir sur la scène. Vous pouvez leur demander leur nom et leur expliquer la compétition. Puis annoncez aux volontaires d'être attentif car que vous allez commencer. Ne montrez pas le tableau aux volontaires, ni au chien car il sait lire. Ils sont tous assis par terre.

Épelez D-E-B-O-U-T et le chien qui était assis se lève. Ajoutez : « Cela veut dire DEBOUT ». Les volontaires doivent alors être debout. Les adultes comme les enfants seront émerveillés. Puis, vous désignez au public le second mot inscrit sur le tableau et annoncez qu'on va l'épeler tous ensemble : A-S-S-I-S. Aussitôt dit, aussitôt fait, votre chien s'assoit. Il est encore plus vite que les volontaires.

On l'applaudit!

Ce tour très spectaculaire est assez facile à enseigner. Il faut choisir des actions que le chien aime accomplir et des mots courts : *debout, assis, couche, rampe, roule, mort, bobo.* Votre chien debout en laisse à côté de vous et dites : « A-S-S-I-S, assis. » Tirez la laisse vers le haut et poussez sur le derrière du chien pour lui indiquer qu'il doit s'asseoir. Une fois assis, dites-lui : « A-S-S-I-S, assis. Beau chien. » Il comprendra que « A-S-S-I-S » signifie la même chose que le mot « Assis ».

Suivez l'ordre de votre liste. Répétez chacun des mots choisis tous les jours quelques minutes pendant la leçon de quinze minutes durant une dizaine de jours et le chien finira même par deviner le mot au bout de trois lettres; par exemple, vous direz « A-S-S » et il s'assoira. Félicitez-le et récompensez-le.

Vous pourrez aussi lui dire de se coucher et lui demander s'il est capable de « R-A-M-P-E-R ». Vous pourrez lui demander : « Tu t'es fait un gros B-0-B-0 ? » Il reviendra en boitant. Même s'il n'a pas encore véritablement appris à obéir quand vous épelez ce mot, utilisez le signe secret et il obéira. Toutes les astuces sont bonnes, sur scène comme au cinéma. C'est le résultat qui compte puisqu'on est dans le monde du spectacle

Terminez le numéro en invitant les enfants à s'efforcer d'apprendre à épeler s'ils ne veulent pas se laisser dépasser dans la vie par... un chien.

Pour obtenir de bons résultats, soyez assidu, enthousiaste et positif. Suivez toujours la même démarche; le chien finira par reconnaître la mise en scène.

Organisez un concours d'épellation. Que le meilleur gagne la bourse d'études!

JOUER AU TIMIDE

Apprenez à votre chien à jouer au timide. Ainsi, s'il se trompe en exécutant un numéro, vous pourrez toujours vous tirer d'affaire en disant : « Moi, je suis gêné. Toi, es-tu gêné ? », en faisant le geste vous-même. Il prendra un air triste pour montrer qu'il se sent mal à l'aise.

Malgré son erreur, tout le monde rira, reconnaissant cette célèbre mimique des animaux pour l'avoir déjà vue au cirque ou dans un film.

Il sera pour tout le monde un génie et vous, un expert entraîneur.

Il s'agit d'apprendre au chien à couvrir son museau et ses yeux avec sa patte pour afficher un air gêné. Même s'il lui arrive parfois d'essuyer ses yeux, ce geste n'est pas tout à fait naturel et nécessite un certain entraînement.

Faites asseoir le chien devant vous et mettez un gros morceau de ruban adhésif sur son museau. Il tentera sans doute de l'enlever en se frottant avec sa patte.

Dès qu'il approchera sa patte, dites-lui : « Es-tu gêné? Mets ta patte sur ton museau. » Félicitez-le et récompensez-le. S'il recommence à se frotter, répétez la même phrase et récompensez-le.

Recommencez plusieurs fois sans enlever le ruban adhésif et récompensez-le au moindre effort. Répétez l'exercice quelques minutes pendant plusieurs jours en utilisant du ruban adhésif facile à enlever.

Quand il aura fait la relation entre le mot-ordre et le geste accomplir alors compris le sens de « Es-tu gêné? » supprimez le ruban adhésif et il se frottera le museau simplement pour obtenir un biscuit.

Il suffira ensuite de lui dire : « Est-tu gêné ? Reste » pour qu'il garde la patte sur ses yeux. Quand vous direz : « OK, c'est fini » ou que vous claquerez des doigts, il la retirera. Vous le félicitez.

Il viendra à relaxer dans cette position grâce aux fréquentes pratiques de quelques minutes. Puis avec le temps, il le fera pour vous faire plaisir et se faire plaisir.

Mon chien aime bien faire son gêné !

FEINDRE D'AVOIR PEUR

Toute la famille regarde un film d'horreur rempli de suspense à la télévision. Vous demandez à votre chien : « As-tu peur? » Il semble inquiet et prend la pose requise. Regardait-il vraiment le film ? Avait-il vraiment peur ?

Cette finesse est une variante du timide. Il faut changer le contexte lors d'un spectacle et modifier si possible la position. Imaginez que votre chien durant un spectacle vous donne l'impression qu'il va se tromper mais qu'enfin il ne se trompe pas. Les spectateurs l'ont remarqué alors vous pouvez lui dire : « As-tu eu peur de te tromper ». Il prendra position. Les gens raffoleront de cette finesse.

Quand le chien fait le gêné, il s'assoit ou fait le beau et met sa patte sur son museau. Pour feindre d'avoir peur, enseignez-lui à se coucher ou faire la révérence puis à mettre une ou deux pattes sur son museau. S'il n'y arrive pas, laissez-le prendre la même attitude que lorsqu'il fait le gêné. Il s'exécutera de la même façon, que vous disiez : « As-tu eu peur de te tromper? » ou : « Es-tu gêné? »

AVOIR LE SENS DE L'HUMOUR

Vous jouez une partie d'échecs avec un ami et vous êtes en train de perdre. Vous décidez d'appeler votre chien à la rescousse. Il renverse le jeu avec ses pattes et il se roule par terre, comme s'il était fier de son coup. La partie est alors finie et on ne saura jamais qui aurait été le gagnant.

Sûrement vous! Les avis sont partagés. C'est là qu'on découvre si votre adversaire a le sens de l'humour.

Pour enseigner ce tour, il faut procéder par étapes. Installez le jeu sur une table ou par terre, à quelques mètres de votre chien. Appelez-le en disant : « Frimousse, viens m'aider, mets tes pattes dessus. » Les premières fois, il hésitera sans doute, de crainte d'être grondé mais une belle friandise l'aidera à changer d'idée.

Au bout de plusieurs répétitions, le chien comprendra le déroulement de l'action à accomplir et il suffira de dire : « Frimousse, viens m'aider. » Il faudra ensuite lui demander de se rouler par terre pour montrer qu'il est fier de son coup. À la longue, il saura ce qu'il doit faire dès que vous installez le jeu.

Vous pouvez apporter une variante à ce truc en enseignant à votre chien à prendre une pièce du jeu et à la jeter dans la corbeille à papier pour mettre l'adversaire échec et mat. N'oubliez pas de déclarer : « Mon chien, c'est un joueur de tours hors pair! »

17. DE DRÔLES DE SAUTS

Vous pouvez apprendre à lui enseigner une foule de prouesses avec différents styles de sauts. Il faut faire des mises en scène amusantes et inédites et enchaîner les numéros rapidement pour que ce soit amusant, étonnant, spectaculaire et pour garder l'intérêt des spectateurs. La meilleure façon de travailler est encore de dresser une liste de sauts et de trouver un mot, un geste et un signe secret pour chacun. Répétez les sauts quotidiennement jusqu'à ce que le chien les enchaîne rapidement sans stress tout en y ajoutant peu à peu une plus belle présentation verbale de votre part.

Comme d'un saut à un autre, il n'a pas le temps de se lasser, il les fera avec enthousiasme. C'est ce qu'on appelle donné du tempo, du rythme à ses répétitions. C'est très motivant pour votre chien.

Les spectacles de sauts sont toujours très populaires.

Un spectacle se remarque par l'admiration de votre public en vous regardant tout les deux exécuter vos numéros. Tout doit se dérouler rapidement pour ne pas donner la chance aux spectateurs de se rappeler vos faiblesses. Une fois le spectacle terminé, ils ne garderont que de bons souvenirs.

SAUTER PAR-DESSUS UN OBSTACLE

Sauter est un acte naturel pour un chien. Vous pouvez lui inculquer le mouvement par la méthode passive. Aussi, s'il est bien entraîné, il sautera chaque fois que vous le demanderez.

Placez un obstacle à quelques mètres du chien. Tenez le chien en laisse et dirigez-vous rapidement vers l'obstacle. En arrivant devant, dites : « Saute! » et tirez légèrement la laisse vers le haut pour que le chien ait l'idée de sauter. S'il saute, félicitez-le. En l'encourageant constamment, vous dissiperez rapidement ses craintes.

Si le chien est porté à simplement à passer à côté de l'obstacle ou à le renverser, dites : « saute » de façon très enthousiaste pour lui faire comprendre qu'il doit essayer de sauter. S'il tente de passer à côté, dites : « Pas ça! Saute!

Au bout de quelques jours, placez le chien devant l'obstacle et tenez-vous de l'autre côté en l'attirant avec un biscuit. Dites : « Viens! Saute! ». Recommencez plusieurs fois pour lui apprendre à sauter seul.

Au bout d'une semaine, le chien devrait être capable de sauter seul à correctement.

Quelques semaines plus tard, il devrait s'en tirer fort honorablement. Tenez-vous à côté de l'obstacle placé à trois mètres du chien et dites : « Viens! Saute! » Il sautera allègrement. Augmentez peu à peu la hauteur du saut pour connaître ses capacités.

L'apprentissage des sauts sera aussi utile si vous voulez l'introduire aux sports comme l'agilité, le flyball, le lancer du frisbee.

DIX SAUTS DIVERTISSANTS

Voici dix petits sauts qui peuvent vous inspirer un numéro bien amusant.

Il vaut mieux les enseigner les uns à la suite des autres parce qu'ils sont présentés dans un ordre croissant de difficulté.

Au début, il est préférable de se servir de la laisse pour rendre l'apprentissage plus facile.

Apprenez à votre chien à sauter pardessus votre bras. Éloignez le chien d'environ deux mètres.

Agenouillez-vous près d'un mur et étendez le bras gauche jusqu'au mur en disant : « Saute! Pardessus! » Encouragez-le en tapant sur votre bras avec la main droite et en tirant sur la laisse. S'il saute, félicitez-le avec beaucoup d'enthousiasme. S'il n'obéit pas, excitez-le avec un biscuit. Au fil des répétitions, mettez-vous debout et éloignez le chien jusqu'à deux mètres.

Comme deuxième saut, agenouillez-vous encore près d'un mur et placez votre chien à gauche. Inclinez-vous légèrement et étendez le bras gauche. Placez le bras droit au-dessus en joignant les mains de manière à former un cercle.

Penchez votre tête dans l'ouverture en disant : « Saute! Dedans! » À la vue de votre visage sympathique, il s'élancera. Félicitez-le chaleureusement. Graduellement, mettez-vous debout et placez-vous au centre de la pièce.

Votre chien vient de faire un pas de géant : il a appris ce que signifient « par-dessus » et « dedans ».

Pour les sauts suivants, il est préférable d'installer un petit tapis à chaque extrémité du trajet. Le chien part d'une extrémité, saute et se rend à l'autre extrémité, puis il refait le même trajet en sens inverse.

Graduellement, vous pourrez placer les tapis à trois mètres l'un de l'autre. Le spectacle sera plus impressionnant parce que le chien pourra accélérer et sauter plus haut.

Placez votre chien à gauche. Tenez-vous debout, à environ deux mètres de distance. Pliez la jambe et posez la main sur la cheville pour former un cercle. Appelez votre chien en disant : « Saute! Dedans! » Pour l'inciter à repasser, dites : « Encore! »

Debout, jambe pliée vers l'arrière, posez la main gauche sur le mollet pour former un cercle à travers lequel le chien doit passer aller-retour.

Pour rendre la leçon moins monotone, répétez les sauts en alternance. Soyez assidu et détendu. Dégagez une énergie calme et positive. Félicitez le chien pour ses bons coups et ignorez ses erreurs. Le chien s'apercevra que vous êtes le chef de meute et il s'efforcera de vous plaire.

Procurez-vous des cerceaux et laissez le chien les renifler à son aise. Faites asseoir l'animal sur le tapis. Prenez un cerceau et entourez-le avec vos bras. Penchez votre tête à l'intérieur et dites : « Saute! Dedans! »

Enlevez vos bras graduellement pour en arriver à tenir le cerceau seulement du bout des doigts. Le chien partira d'une extrémité, sautera dans le cerceau, se rendra à l'autre extrémité et refera le trajet en sens inverse.

Tenez deux cerceaux à quelques centimètres l'un de l'autre. Le chien doit sauter dans les deux, aller-retour. Petit à petit, vous pourrez distancer les cerceaux de trente centimètres.

Vous pourrez même les croiser pour créer un effet visuel spectaculaire.

Votre chien finira par prendre plaisir à sauter dans les cerceaux et vous pourrez alors réduire leur taille peu à peu. Les spectateurs auront peine à croire que le chien réussira à sauter dans des cercles aussi petits et pourtant…Ils seront ébahis!

Ensuite demandez à un volontaire de tenir un cerceau. Lancez une balle dans le cerceau et demandez au chien de sauter aller-retour et de rapporter la balle en disant : « Saute ! Apporte ! » Avec le temps, vous n'aurez qu'à dire : « Apporte! » et il comprendra qu'il doit accomplir les trois actions successivement.

Voici un saut notamment spectaculaire. L'animal doit sauter dans un cercle en déchirant la paroi qui le recouvre. Au début, fixez du papier de soie autour du cerceau et demandez au chien de sauter plusieurs fois à l'intérieur. Pour maintenir le papier en place, il est plus simple d'utiliser des épingles à linge plutôt que de la colle. Augmentez la quantité de papier peu à peu jusqu'à ce que la surface soit entièrement recouverte. Le chien devra s'élancer à travers la paroi, créant un effet saisissant.

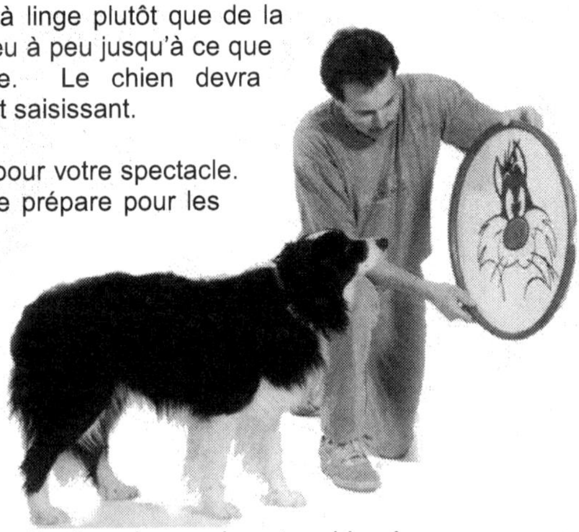

Créez une mise en scène amusante pour votre spectacle. Annoncez que votre vedette nationale se prépare pour les Olympiques dans la discipline des sauts.

Formulez des commentaires pertinents et le tour est joué. Les spectateurs n'y verront que du feu. Si le rythme est soutenu, ils auront l'impression de voir plusieurs chiens effectuer une multitude de sauts alors qu'il n'y aura en effet qu'un pro.

La beauté d'une représentation repose sur l'enthousiasme de votre chien à se produire devant le public.

SAUTER DANS VOS BRAS

Maintenant que votre chien connaît différents sauts, il apprendra assez aisément à sauter dans vos bras. Placez-vous à un mètre de votre chien. Inclinez le corps légèrement et tendez la jambe gauche vers le chien.

Placez le bras droit horizontalement devant vous et dites : « Dans mes bras! Viens! Saute! » Frappez votre poitrine de la main droite tout en lui tendant les bras pour l'inciter à venir à vous et à sauter.

Lorsqu'il arrivera près de vous, il s'agrippera à votre jambe et s'en servira comme tremplin pour sauter. Avec de la coordination et un peu d'habilité, il y arrivera.

Dès que ses pattes de devant touchent votre avant-bras, il faut le saisir par derrière ses jambes avec la main gauche pour le sécuriser et l'empêcher de tomber.

Redressez-vous complètement, serrez le chien contre vous et félicitez-le calmement. Après quelques instants, penchez-vous et dites : « A terre! » en le laissant filer doucement, puis caressez-le.

À force de petites répétitions, il apprendra à se servir de moins en moins de votre jambe et sautera directement dans vos bras. Il finira par raffoler de ce style de saut. Il suffira de prendre la position en disant : « Dans mes bras mon chien » pour qu'il y bondisse allègrement.

SAUTER SUR VOTRE DOS

Quand votre chien aura appris à sauter dans vos bras, vous pourrez lui enseigner à atterrir sur votre dos s'il est assez habile. Les premières fois, il vaudrait mieux demandez à quelqu'un de vous aider.

Placez-vous à un ou deux mètres de votre chien et tournez-lui le dos. Fléchissez les genoux et courbez le dos. Il est très important de tenir les jambes bien écartées pour être solidement ancré au sol. Lorsque vous serez prêt, appelez votre chien en disant : « Viens sur mon dos! Saute! » En même temps, tapez sur votre derrière avec la main droite.

Au moment où il atterrira sur votre dos, dites : « Reste! » en mettant les mains derrière le dos pour le retenir. Après quelques secondes, penchez-vous en disant « À terre! » Félicitez-le chaleureusement.

Quand votre chien aura appris à atterrir sur votre dos, vous pourrez même lui enseigner à se mettre debout en vous penchant par en avant et à garder cette position pendant quelques instants avant de lui signifier d'aller à terre. C'est impressionnant à voir.

Vous pourrez aussi lui enseigner à faire un tour au galop. Lorsqu'il aura atterri sur votre dos, tapez sur votre épaule gauche avec la main droite pour l'inciter à mettre ses pattes sur vos épaules en disant : « À cheval! » Relevez-vous doucement en soutenant le chien à deux mains et faites un petit tour au galop.

Votre chien prendra un tel plaisir à ce jeu qu'il suffira de dire : « À cheval! » pour qu'il soit prêt pour une petite promenade. Votre chien aimera bien son beau cheval.

Hi ! Ha ! Grand galop ! Petit galop !

JOUER À SAUTE-MOUTON

Invitez quatre personnes à se mettre à quatre pattes à quelques mètres les unes des autres. Le chien partira d'une extrémité de la scène et sautera par-dessus chacune des personnes pour se rendre à l'autre extrémité et reviendra de la même façon. Il faudra apprendre au chien à faire des sauts beaucoup plus hauts pour ne pas risquer de blesser les personnes. De plus, il faudra prévenir les volontaires de rester parfaitement immobiles et de garder la tête baissée.

Pour ajouter du piquant, le chien peut sauter par-dessus la première personne, ramper sous la deuxième, continuer en alternant jusqu'à l'autre extrémité et revenir de la même façon. C'est rigolo et même assez différent !

Notre vedette nationale se prépare pour les Jeux Olympiques.

18. DES TOURS D'ADRESSE

Si vous entraînez bien votre chien et le traitez comme un membre de la famille, il progressera rapidement. Toutefois, s'il est incapable d'obéir sans laisse, s'il comprend peu de mots-ordre et de gestes et s'il n'arrive pas encore à se concentrer, il sera plus difficile à ce stade-ci de lui apprendre d'autres tours plus difficiles. Certains chiens sont plus doués que d'autres et, même si votre chien n'a pas le talent nécessaire pour devenir une étoile du cinéma, il doit demeurer une grande vedette pour vous et votre famille.

Chaque chien apprend à son rythme et comme un chien vit en moyenne douze ans, amusez-vous, vous avez du temps. Apprenez à votre chien à aimer ce passe-temps.

N'écoutez pas les gens négatifs qui tentent de vous démoraliser en disant que vous perdez votre temps.

Même si votre chien ne maîtrise pas parfaitement les tours déjà appris précédemment, vous pouvez lui en apprendre des nouveaux en révisant les anciens seulement quelques minutes chaque jour. Il les réussira tous mieux avec le temps car cela deviendra un jeu bien amusant pour lui. Il vaut mieux procéder de cette façon plutôt que de s'acharner à vouloir obtenir la perfection pour uniquement quelques tours et le stresser.

N'oubliez pas que nous avons le chien qu'on mérite. Prenez en soin et démontrez-lui votre affection. Il saura vous le rendre en étant plus attentif à vos demandes.

DÉROULER LE TAPIS

Ce tour peut être intégré au numéro des drôles de petits sauts. Placez les tapis sans les dérouler à chaque extrémité et dites à l'assistance que vous avez oublié de le faire. Demandez ensuite à votre chien d'aller les dérouler : « Votre Excellence, va dérouler le tapis rouge ». Sympathique, non?

Pour lui enseigner ce tour, cachez un biscuit à l'intérieur du tapis roulé. Dites au chien : « Déroule le tapis! Cherche! Pousse avec ton museau! » Au début, aidez-le un peu.

Lorsqu'il parviendra à dérouler le tapis sans aide, ne cachez plus de biscuit, mais offrez-lui une récompense à la fin de l'exercice. Plus tard, un compliment suffira.

Quand votre chien aura appris à pousser avec son museau, vous pourrez lui apprendre à jouer au soccer. Il pourra même devenir gardien de but.

Pour chaque performance, il suffit de créer une mise en scène des plus personnelles.

Vous brillerez comme une étoile par votre originalité et votre chien sera la vedette.

RETENIR UNE BALLE SUR SON NEZ

Annoncez cette prouesse en disant : « Mesdames et messieurs, il nous fait plaisir de vous présenter notre champion équilibriste. »

En faisant le beau, le chien tient une balle en équilibre sur son museau, puis l'envoie dans les airs d'un coup de tête et la rattrape au vol. C'est très spectaculaire.

Faites asseoir votre chien et dites: « Tranquille! Reste! » tout en faisant le geste main droite. Il doit rester immobile. Tenez délicatement son museau de la main gauche en y plaçant une petite friandise. Au bout d'un instant, dites : « Ok! Attrape! » Comme il connaît ces deux mots, il essaiera de saisir la friandise en rejetant la tête vers l'arrière pour la projeter dans les airs.

S'il bouge avant que vous ayez eu le temps de dire : « Attrape! », précipitez-vous pour saisir la friandise afin de lui faire comprendre qu'il doit attendre l'ordre et la saisir au vol pour l'avoir.

Soyez patient et reprenez souvent cet exercice. A la maison, au lieu de lui donner une petite récompense sans raison, fais-lui pratiquer cette finesse quelques fois.

Il reste maintenant immobile et essai de saisir la friandise à votre demande, c'est alors le temps de se servir d'un balle. S'il a tendance à trop s'agiter, utilisez plutôt une balle plus molle.

Utilisez toujours le même objet et placez-le toujours au même endroit sur le museau du chien pour qu'il découvre exactement son centre d'équilibre. L'animal saura alors avec quelle force lancer l'objet pour être capable de l'attraper au vol.

Vous pourrez même lui enseigner à faire le beau, faire le grand, marcher vers vous tout en gardant la balle sur son museau.

Il ne vous reste plus qu'à habituer votre chien à s'exécuter au milieu des distractions et à concevoir une mise en scène intéressante.

ZIGZAGUER

Annoncez à l'assistance que votre chien semble bien nerveux pour donner son spectacle. On va le soumettre à un petit test. Demandez-lui de vous suivre et de marcher bien droit à côté de vous tout en faisant le geste de la main gauche, de ne pas marcher tout croche en faisant ensuite le geste approprié de la main, mais de marcher bien droit. Vous partez à avancer du pied droit.

Voilà qu'il zigzague entre vos jambes. Bien voyons donc! Qu'est-ce qu'il fait là? Serait-il malade, a-t-il pris de la boisson ou est-ce un signe d'une intelligence supérieure? Pourra-t-il donner son spectacle ? Pas sûr!

Apprenez à votre chien à zigzaguer entre vos jambes. Placez le chien à votre gauche et avancez le pied droit. Il est très important que ce soit le pied droit, sinon le chien croira que c'est l'heure d'une pratique d'entrainement de marche au pied dans laquelle le maitre doit toujours partir du pied gauche.

Gardez cette position, penchez-vous légèrement vers l'avant et invitez le chien à passer entre vos jambes en disant : « Viens! Dedans! » Attirez-le en tenant un biscuit dans la main droite.

Au début, vous pouvez l'aider en guidant sa tête et en tirant sur sa laisse si nécessaire pour l'entraîner dans la bonne direction.

Avancer ensuite le pied gauche en disant : « Zigzague! Dedans! » Incitez-le à continuer en l'attirant avec une bonne récompense très alléchante.

Répétez le processus à droite et à gauche alternativement au moins quelques fois de chaque côté. Agissez toujours avec douceur parce que, à ce stade, le chien ne comprend pas encore où vous voulez en venir. Il n'a pas encore fait la relation avec le mouvement à accomplir et le mot-ordre. Une pratique de quelques minutes au début c'est comme toujours suffisant pour ne pas le stresser.

D'une fois à l'autre, il sera plus heureux de le faire pour une friandise. Au bout d'une quinzaine de jours, vous n'aurez plus à l'attirer avec un biscuit, ni à le guider avec vos mains, ni à lui dire à chaque pas : « Zigzague! Dedans ! »

Pour lui faire comprendre instinctivement que la marche est terminé, la dernière fois qu'il passe à votre gauche, dites : « Au pied, reste» et replacez vos pieds ensemble.

Au bout d'un mois, il suffira de vous placer et de partir du pied droit ou faire le geste du zigzag de votre bras gauche pour que le chien sache qu'il doit zigzaguer. Ca deviendra pour lui une routine bien plaisante à accomplir.

S'il a appris à reculer, il pourra même zigzaguer à reculons. C'est sensationnel et bien rare à voir. Pour un vrai test d'aptitude : qui dit mieux !

UN COMIQUE QUI AIME BIEN BOITER

Appelez votre chien en disant : « Je ne sais pas si mon chien va pouvoir donner son spectacle, il s'est fait mal à une patte. Viens mon chien, on va flatter le gros bobo. » Votre chien est tout content. Le chien se dirigera vers vous en boitant.

Pour réussir cette finesse, le chien doit apprendre à marcher sur trois pattes. Pour y arriver, passez à la patte gauche une bande élastique qui sera reliée à sa laisse; marchez lentement à côté du chien en disant : « Bobo ! » Maintenez la patte soulevée à la bonne hauteur.

L'utilisation d'une bande élastique très flexible facilite beaucoup l'apprentissage. Au début de cet exercice, placez-la à la patte du chien et montez-la un peu vers sa poitrine en disant : « Bobo ! Patte ! » et tirez légèrement sur la bande élastique. S'il fait le moindre effort pour marcher sur trois pattes, récompensez-le pour lui montrer qu'il comprend.

#

Répétez fréquemment : « Boite! » ou : « Un gros Bobo! » Dès qu'il commence à tenir sa patte levée, relâchez peu à peu la bande élastique en disant : « Bobo! Beau chien! »

Après de nombreuses répétitions de quelques minutes, il réussira un peu à marcher sur trois pattes. Le chien est maintenant prêt à passer à la deuxième étape. Placez-vous devant lui, passez la bande élastique sous sa patte pour lui signifier de la soulever et reculez un peu pour qu'il vienne vers vous.

Dites « Un gros bobo, viens ». S'il avance de quelques pas sur trois pattes, félicitez-le et recommencez en reculant un peu plus. Plus tard, le chien lèvera sa patte sans aide et il avancera sur un simple signe : vous n'aurez qu'à mettre votre main à hauteur de votre poitrine en agitant doucement le bout d'un doigt de haut en bas.

Au fil du temps, un léger mouvement du doigt comme signe secret suffira.

Lorsque vous direz : « Ok, c'est fini! », il pourra marcher normalement. Comme toujours, tout s'explique dans la bonne humeur pour dégager une énergie calme et positive pour imposer votre leadership.

Pour ajouter une touche d'originalité à ce numéro, demandez au chien qui s'avance en boitant de venir faire une petite prière. Après celle-ci, il se relèvera et sera miraculeusement guéri. Un vrai miracle ! Alléluia!

SALUER DE LA PATTE

A la fin d'un spectacle, votre chien, tout comme vous, pourra saluer le public de la patte et même japper pour dire : « Au revoir. Bye-bye ».

Demandez à votre chien de faire le beau et de donner la patte. Avancez la main droite en disant : « Un beau bye-bye. La patte! » Il lèvera la patte, croyant que vous voulez la prendre.

Au moment où il effleurera votre main, retirez-la et sa patte retombera.

Excitez-le en répétant : « Bye-bye ! La patte! » et avancez votre main encore et encore. Pour chaque moindre effort, félicitez-le et dites : « Bon chien! ».

Au début, il faudra peut-être prendre la patte du chien et la bouger. Dès qu'il manifestera un peu de bonne volonté, encouragez-le et récompensez-le.

Quand il réalisera qu'il y aura une friandise s'il fait un mouvement continu de la patte, il répètera le mouvement. Faites aussi le geste de la main qui va l'inciter à faire bouger sa patte.

Il finira peu à peu par de nombreuses pratiques de quelques minutes à faire le mouvement machinalement. Éloignez-vous lentement en répétant : « Un beau bye-bye! La patte! » Plus tard, il suffira de dire : « Un beau bye-bye » et de le stimuler en agitant un biscuit.

Au bout d'une dizaine de jours, il devrait avoir compris que c'est le mouvement de la patte qui est important. Il aura fait la relation entre le mot-ordre ou geste-ordre et le mouvement à accomplir.

Vous parviendrez aussi à le faire obéir simplement avec des saluts de la main. Quand il aura appris à saluer de la patte, apprenez-lui à aboyer en même temps pour dire : « Au revoir ».

N'oubliez pas que certaines finesses sont un peu plus longues à inculquer à certaines races de chiens, à moins que vous soyez devenu un entraîneur bien rusé et expérimenté.

S'ÉVANOUIR

Imaginez que vous faites accomplir quelques finesses amusantes à votre chien, puis vous lui dites qu'il semble bien fatigué. « Vas-tu t'évanouir? » À ces mots, il tombe à la renverse par terre, inconscient. Serait-il mort ou bien nous joue-t-il encore un autre tour?

Pour lui apprendre ce numéro, vous pouvez travailler avec la laisse courte et utilisez un tapis pour amortir la chute. Comme vous lui avez déjà enseigné *Fais le beau*, *Coucher, Mort, Reste* avec le mot ordre et le geste, il sera plus facile de lui inculquer cette démarche.

D'un geste de la main, indiquez au chien de faire le beau. Ensuite, dites : « Vas-tu t'évanouir ! Fais le mort! » En même temps, renversez-le doucement sur le côté et maintenez-le dans cette position pendant quelques instants. Faites le geste « Reste », puis « OK, c'est fini ». Reprenez l'exercice quelques fois. C'est tout pour cette pratique quotidienne. Il n'a pas tout compris votre demande et la démarche à faire. Ce n'est pas grave. Ce qui est important, c'est que vous ne l'avez pas stressé.

Ensuite, dès que le chien fournit un effort pour se laisser tomber, faites-lui signe de faire le mort et de rester. Puis dites le mot de relâche « Ok, c'est fini. » S'il a fourni un petit effort, donnez-lui un biscuit.

Après plusieurs pratiques de quelques minutes pendant un certain temps, il comprendra que « Vas-tu t'évanouir » signifie faire le beau, tomber à la renverse et faire le mort. Il enchaînera les trois mouvements grâce à la méthode de la juxtaposition des ordres, soit par un mot-ordre ou les trois mouvements de la main : beau, mort, reste.

Cette prouesse est plus difficile à inculquer à un chien nerveux car il aura sans doute peur de tomber sur le côté ou sur le dos. Il n'est pas nécessaire de prononcer son nom quand vous lui demandez d'accomplir une finesse. Habituez-le plutôt à se concentrer uniquement sur vous.

Dégagez une énergie calme et ferme en donnant le mot-ordre une seule fois pour qu'il sache qu'il est en mode action.

Au bout de quelques temps, par de nombreuses pratiques de seulement quelques minutes, il réussira à la faire machinalement par plaisir. Cette démarche complexe va devenir par les répétitions, un réflexe conditionné agréable à accomplir.

DISTINGUER LES COULEURS

Annoncez au public que vous allez démontrer que votre chien est capable de distinguer les couleurs, qu'il n'est pas daltonien comme les autres chiens. Jonglez avec quatre balles : une rouge, une verte, une bleu, une jaune. Demandez à l'assistance de choisir la couleur de deux balles pour le faire participer à ce jeu.

Puis, tenez, disons la balle verte dans la main gauche et la rouge dans la main droite. Vous êtes maintenant à la gauche de la scène, appelez votre chien qui se trouve à trois mètres en disant : « Viens ! Prends la balle rouge. » Vous devez veiller à ne pas bouger vos mains afin que les gens ne puissent dire que vous avez incité votre chien à se rendre d'un côté plutôt que de l'autre. Votre chien viendra alors s'emparer de la bonne balle.

Comme les spectateurs seront sans doute perplexes, recommencez le numéro en leur demandant de choisir encore deux balles, cette fois disons une balle jaune et une bleu. Votre chien viendra encore s'emparer de la bonne balle.

Voici une petite astuce : Il faut alors changer votre orientation vis à vis le public. Vous êtes maintenant placé à la droite de la scène au lieu de la gauche et appelez votre chien.

Les sceptiques seront encore confondus…

Complimentez votre chien pour exhiber à tous sa grande intelligence mais ensuite, ne recommencez pas. Passez immédiatement à un autre tour pour ne pas que le public découvre la tromperie. Qui a dit que les chiens étaient daltoniens?

Le chien doit d'abord apprendre à accepter les biscuits offerts de la main droite et à toujours refuser ceux qui lui sont offert de la main gauche. Tenez un biscuit dans chaque main. Tendez la main gauche et, au moment où le chien s'avance pour prendre le biscuit, refermez la main en disant : « Pas ca » d'un ton ferme. Présentez ensuite la main droite et laissez-le prendre le biscuit. Recommencer cette pratique quelques minutes chaque jour jusqu'à ce qu'il comprenne qu'il n'obtiendra jamais le biscuit de la main gauche.

Au bout d'une dizaine de jours, quand il ne tombe plus dans le piège, c'est qu'il a bien compris le jeu. Il est prêt pour le grand numéro.

Certains diront que c'est de la supercherie. Peu importe, puisqu'on est dans le monde du spectacle. Il faut user de ruse pour obtenir le résultat escompté tout comme un magicien. Ce numéro est une finesse très visuelle qui remporte partout un très grand succès.

Voici une variante de ce numéro : Prenez un hot-dog ou une belle friandise et un jouet. Annoncez à tous que votre chien est un vrai gourmand. Que vous êtes prêt à parier votre argent qu'il optera plutôt pour un excellent hot-dog et que jamais il ne vous fera l'injure d'opter pour un jouet en pareille circonstance ! Au grand étonnement des spectateurs, le chien choisira le jouet. Tapez-vous sur la tête, en signe d'indignation et d'incompréhension. Vous dites que votre chien a probablement fait cela pour se venger de vous car hier vous n'avez pas voulu l'amener faire une promenade au parc rencontrer ses amis chiens.

Ce numéro remporte toujours un vif succès.

Qui a dit que les chiens n'avaient pas le sens de l'humour?

FAIRE UN HUIT

Expliquez aux gens que votre chien a toujours bien exécuté vos demandes mais que, depuis quelque temps, vous ne savez pas pourquoi, il a d'étranges réactions.

Dites : « On va se détendre, se relaxer un peu. » tout en déplaçant votre jambe droite de coté dans un geste de relaxation. « Mais que se passe-t-il? A-t-il perdu la tête? Est-ce de la folie? Il se met à effectuer un *huit* entre mes jambes. On va *encore* faire rire de nous.»

Quelle belle finesse! Présentée de cette façon, elle est bien différente de celle de vos confrères entraîneurs

L'apprentissage du huit ressemble un peu à celui du zigzag. Placez le chien à votre gauche et déplacez la jambe droite de côté en disant : « Un beau huit! Viens! » Au moment où il s'avance, incitez-le à continuer en répétant : « Dedans » et en tenant un biscuit dans la main droite derrière votre jambe, à la hauteur de ses yeux. S'il s'engage entre vos jambes, félicitez-le et incitez-le à faire le tour de votre jambe droite pour revenir face à vous.

Il a maintenant appris à faire un demi-tour. Placez alors votre main gauche derrière vos jambes en prenant la relève avec le biscuit. Encouragez-le à repasser de nouveau entre vos jambes en disant : « Un beau huit! » Il passe. Bravo!

Encouragez-le à suivre votre main gauche autour de votre jambe gauche. Lorsqu'il sera revenu au point de départ, donnez-lui le biscuit. Reprenez l'exercice quelques fois tous les jours pendant quelques semaines. Soyez enthousiaste pour motiver votre chien à s'exécuter avec entrain. Il prendra goût à ce jeu pour les compliments et les applaudissements

Durant cet exercice, vos jambes doivent rester immobiles. Si vous voulez qu'il recommence, il suffit de dire : « Encore! Un beau huit! » Avec le temps, vous n'aurez qu'à déplacer la jambe droite pour qu'il comprenne qu'il doit débuter sa parade et, lorsque vous remettrez vos pieds ensemble, il saura qu'il peut s'arrêter et s'asseoir à votre gauche.

La parade est terminée. On aura tout vu! Peut-être est-il plus intelligent qu'il en a l'air ?

19. LA ZOOTHÉRAPIE UN VRAI MIRACLE

Les chiens sont de véritables boute-en-train. Vous pourrez le constater rapidement en tentant l'expérience suivante. Promenez-vous dans le parc avec votre chien. Choisissez un endroit tranquille et déployez les talents de votre toutou. Vous verrez bientôt les gens se rassembler autour de vous. Votre chien deviendra le centre d'intérêt et la conversation s'engagera. Certaines personnes vous raconteront les tours savants que leur chien savait faire. Qui sait ? Vous réussirez peut-être même à semer la joie dans le cœur d'une personne triste.

Les chiens peuvent accomplir de véritables miracles. On raconte qu'un veuf inconsolable depuis la mort de sa femme, survenue deux ans auparavant, s'était muré dans le silence. Un jour, alors qu'il se promenait, un chien vint à sa rencontre en branlant la queue, comme s'il flairait sa peine. L'homme se pencha et se mit à flatter la brave bête en lui parlant doucement. Le goût de communiquer était rétabli.

Aujourd'hui, les chiens sont enfin les bienvenus dans plusieurs endroits publics. On peut organiser des visites et présenter des spectacles dans les écoles, les hôpitaux, les centres pour handicapés, les résidences pour personnes âgées, etc.

Cependant, le chien doit être bien entraîné et être habitué au bruit, à la foule et aux distractions. Il doit être docile et se laisser flatter facilement.

Une bonne façon de remercier l'univers pour vos talents d'entraîneur est d'accomplir un peu de bénévolat dans les écoles et les résidences personnes âgées.

20. L'OBÉISSANCE AVANCÉE

Vous savez maintenant que l'entraînement requiert que vous dégagiez une énergie calme et positive pour faire comprendre à votre animal que vous êtes le chef de meute. Qu'il faut faire figure d'autorité pour envoyer le bon message et vous savez aussi qu'il faut toujours agir avec douceur pour gagner sa confiance !

Le chien est doté d'une excellente mémoire et les souvenirs pénibles sont difficiles à effacer. Comme un enfant, le chien a besoin d'être bien encadré. Chaque animal a sa propre personnalité et vous devez adapter cette technique révolutionnaire d'enseignement en conséquence.

Une méthode d'apprentissage peut convenir parfaitement à un chien et être moins inefficace avec un autre. Dans tout entraînement, il faut être ferme et en contrôle mais aussi savoir donner beaucoup d'affection. Gardez toujours votre sang froid, si vous êtes nerveux, le chien ressentira votre comportement agité et voudra faire à sa tête.

L'enseignement est une activité précise et la solidité de mémoire d'un exercice dépend du nombre de fois et du plaisir avec lequel il a été répété dans un contexte bien défini pour obtenir une meilleure finition. Le leadership est aussi très important pour son éducation. Un chien se soumet à vos demandes quand vous dégagez une énergie calme et positive.

Si vous entraînez votre chien quotidiennement depuis quelques mois, il adoptera un comportement spécifique sur commande. Il apprendra à enchaîner des exercices et après plusieurs courtes répétitions dans une atmosphère agréable bien que sérieuse, il finira par les retenir et aimer les exécuter.

C'est une bonne idée de s'inscrire à une école canine pour y suivre le cours d'obéissance avancé. Cela sera plus facile et rapide pour vous d'apprendre à enseigner à votre chien les tours qui vont suivre dans ce livre.

Les explications qui suivent pour les nouveaux tours ou prouesses seront très brèves car nous présumons que vous avez pris de l'expérience en apprenant soigneusement et mettant en pratique les différentes méthodes d'enseignement que je vous propose. Cela ne sera en fait qu'un sommaire.

Maintenant que vous pratiquez 15 Minutes par Jour depuis 30 Jours ou plus, il vous sera possible de devenir un meilleur entraineur. Il s'agit simplement de trouver les moyens de l'amuser et d'en faire un passe-temps agréable pour vous et votre chien.

Évitez la routine, donnez du rythme, soyez enthousiaste, soyez détendu.

ABOYER ET SE TAIRE SUR COMMANDE

Le chien de garde aboie pour signaler la présence d'un étranger, le chien de chasse indique la route à suivre pour signaler la découverte d'une proie, et le chien de spectacle aboie et se tait sur commande pour distraire son public.

Pour apprendre à votre chien à aboyer sur commande, attachez-le disons à une clôture et excitez-le avec un morceau de viande. Reculez et incitez-le à aboyer en disant : « Parle! Viens! » Ne pouvant vous rejoindre parce qu'il est attaché et craignant de vous voir filer avec le morceau de viande, il se mettra sans doute à gémir, puis à japper.

L'apprentissage de l'aboiement demande de l'enthousiasme et de l'excitation, car il faut le faire aboyer assez souvent pour que l'association se fasse entre votre demande et son acte dans son esprit. Ensuite vous pourrez déclencher des aboiements de la part du chien au moment désiré, de même que le faire taire.

Chaque fois qu'il aboie, encouragez-le en disant: « Parle! Dis-le! Beau chien! » Au début, récompensez-le au moindre effort. S'il n'aboie pas, ne lui donnez surtout pas la récompense. Il doit ensuite parvenir à japper sur commande, sans être attaché. Pour le faire taire, dites : « Chut ! Silence! Pas ca »

Deux gestes peuvent aussi le faire obéir : bougez la main en imitant le mouvement d'une bouche qui s'ouvre et qui se ferme ou remuez les lèvres sans émettre un son. Ce dernier geste servira aussi pour un apprentissage que vous verrez plus loin : *La commère du village*. Quand il est habitué à vos mimiques, il faut diminuer l'ordre gestuel.

Certains chiens n'apprendront jamais à aboyer sur commande. Si votre chien a tendance à japper naturellement, il faudra veiller à ne pas le rendre agressif ou jappeur en lui inculquant cette aptitude.

Votre chien connaît maintenant l'aboiement à l'ordre, c'est-à-dire parler et arrêter sur demande. Il sera alors facile d'incorporer ce talent dans différentes mises en situation toutes préparées à l'avance que nous vous expliquerons plus loin.

PRENDRE UN OBJET, LE GARDER ET LE DONNER

Les explications qui suivent sont très brèves car nous présumons que vous avez pris de l'expérience. Ce n'est en fait qu'un sommaire.

Pour prendre un objet, le rapporter et le donner, le chien doit obéir à trois ordres : « Prends! », « Garde! », « Donne! » Excitez le chien avec un objet et dites-lui : « Prend! » Pendant qu'il le tient, dites « Garde! Reste! »pour l'habituer à tenir l'objet dans sa gueule. Au bout de quelques instants, dites : « Donne! » Reprenez l'objet et félicitez l'animal chaleureusement.

Il est préférable d'utiliser toujours le même objet pour cet exercice, sinon le chien pourrait croire que c'est l'heure de jouer. S'il s'entête à vouloir garder l'objet, échangez-le les premières fois contre un biscuit.

Si votre chien ne prend pas un objet de façon naturel, coupez un peu une balle de tennis, mettez-y des friandises pour l'intéresser à la prendre.

S'il prend l'objet et le rejette aussitôt, remettez-lui l'objet en disant : « Prend, Garde! Reste! » En même temps, parlez-lui gentiment en regardant droit dans les yeux. Répétez : « Garde! » pour bien lui faire comprendre que vous êtes le maître. Au bout de quelques secondes, dites : « Donne! » Amenez-le graduellement à conserver l'objet dans sa gueule pendant une minute.

le

Apprenez-lui aussi à marcher en tenant un objet dans sa gueule et à le rendre seulement à la fin du parcours. Attendez qu'il soit rendu à destination avant de le féliciter.

Au fil des répétitions, penchez-vous de plus en plus pour lui remettre l'objet jusqu'à ce qu'il parvienne à le prendre directement sur le plancher. Adressez-vous toujours au chien sur un ton ferme et, lorsqu'il a ramassé l'objet, dites : « Garde!

Pour enseigner cet exercice, prenez un objet qu'il aime prendre. Il faut plus de patience avec certaines races de chiens.

Ne forcez jamais un animal à prendre un objet de force dans sa gueule et évitez toujours de le brutaliser. S'il ne manifeste vraiment aucune aptitude, il vaut peut-être mieux abandonner ou consulter un entraineur d'expérience. Certains chiens sont plus doués que d'autres pour ce genre d'exercice.

RAPPORTER DES OBJETS

Comme la plupart des chiens adorent cet exercice, vous pouvez l'enseigner en jouant, surtout si votre chien s'amuse à déménager ses jouets fréquemment. Tenez un jouet près de la gueule du chien et excitez-le en feignant de lui donner. Lorsqu'il s'approche pour s'en emparer, lancez-le jouet en disant : « Apporte! »

S'il vient vers vous avec le jouet, n'allez pas à sa rencontre. Restez immobile et dites : « Viens! » À son arrivée, ne vous précipitez pas sur le jouet. Dites : « Donne! » et prenez le jouet doucement. Caressez l'animal en disant : « Beau chien! »

Recommencez le manège en lançant le jouet plus loin. Si le chien ne revient pas, tirez-le doucement vers vous avec la longe.

Si votre chien refuse d'aller chercher le jouet, attachez-le à un poteau et agacez-le en vous amusant avec le jouet imbibé d'une odeur de friandise. Lancez l'objet à plusieurs reprises en disant : « Apporte! » Comme le chien ne peut le rapporter parce qu'il est attaché, vous stimulerez son esprit de compétition car c'est vous qui arriverez le premier en vous emparant de l'objet.

Ensuite, détachez-le chien, lancez le jouet et précipitez-vous pour le récupérer, mais laissez l'animal le ramasser avant vous. Il finira par comprendre que lorsque vous lancez un lancer un objet signifie le début d'un jeu.

S'il a bien compris le rappel, il saisira rapidement que les mots *Apporte*, *Viens* signifient qu'il doit rapporter l'objet et s'asseoir en face de vous. Attendez quelques secondes, puis dites « Donne! » et reprenez le jouet doucement en le félicitant.

Si le chien s'entête à garder l'objet, troquez-le les premières fois contre un biscuit. Ordonnez-lui de rester assis et relancez le jouet. L'animal doit attendre que vous disiez : « Apporte! » avant de partir. S'il ne revient pas, recommencez l'exercice du rappel en utilisant la longe sans lancer l'objet ; recommencez une autre fois avec un objet.

Si le chien s'élance avant d'avoir reçu le mot d'ordre apporte, dites-vous que le jeu le passionne et rappelez-le simplement. Recommencez à la case départ. S'il laisse tomber l'objet trop rapidement, ne dites pas : « Non ! » mais plutôt : « Garde-le ! » doucement.

Apprenez-lui graduellement à garder l'objet plus longtemps et à le céder seulement au moment où vous dites : « Donne! ». Chose importante à retenir : si vous désirez que votre chien fasse une activité sérieuse, l'objet à rapporter en spectacle ne doit pas être son jouet favori.

Les leçons doivent être courtes : même si le chien semble excité et prêt à poursuivre, il faut les interrompre. Si votre chien est particulièrement docile, vous pouvez lui apprendre à rapporter différents objets et à les reconnaître par leur nom. Tout bon spectacle comprend un numéro où le chien rapporte des objets.

21. DES TOURS DE DEXTERITÉ

La meilleure méthode pour enseigner des tours de dextérité demeure le déclenchement des réflexes conditionnés. En répétant une série d'actions qui se déroulent selon un plan précis, le chien apprend à toujours réagir de la même façon dans une situation donnée. Comme il est doté d'une excellente mémoire, sa réaction devient instantanée.

Plus vous accorderez de temps instructif à votre chien dans une atmosphère agréable, plus il s'éveillera et plus il évoluera. Pour apprendre des tours d'adresse, le chien doit avoir reçu une bonne formation de base. Il devra s'habituer à effectuer une série de mouvements jusqu'à les enchaîner tout naturellement et avec plaisir.

Rappelez-vous qu'il vous appartient d'adapter les différentes méthodes à votre chien, d'inventer des finesses et de créer des mises en scène personnelles.

DISTINGUER LA GAUCHE ET LA DROITE

Annoncez au public que votre chien distingue la gauche de la droite. Prouvez-le en plaçant trois balles identiques sur le sol et en demandant au chien d'aller chercher soit celle de gauche soit celle de droite.

Vous pouvez facilement inculquer à votre chien le sens de la direction en lui apprenant à rapporter un objet. Lancez un bâton ou une balle vers la droite en pointant du doigt et dites : « Va chercher à droite. » Recommencez du côté gauche. Avec le temps, il se dirigera du bon côté en entendant simplement le mot gauche ou droite.

Lorsqu'il est habitué, il est alors temps d'épater vos amis.

SE SECOUER

Ce tour peut servir de numéro d'ouverture pour un spectacle. Le chien est couché sur son tapis. Vous vous approchez en disant : « Secoue-toi. Réveille-toi, c'est l'heure du spectacle. » Le chien se lève et se secoue pour montrer qu'il est prêt.

Référez-vous à la méthode passive. Profitez des moments où le chien se secoue pour lui faire comprendre le sens de « se secouer ». À l'instant même où il se secoue en sortant de l'eau au lac, dites : « Secoue-toi! Beau chien! » Récompensez-le aussitôt pour qu'il associe la récompense au fait de se secouer et non à celui de branler de la queue. Chaque fois qu'il se secoue, répétez : « Secoue-toi » et récompensez-le aussitôt. Il finira par faire l'association entre son mouvement et mot prononcé.

Quand il aura compris, il se secouera simplement en entendant le mot. Vous pouvez aussi agiter la main rapidement pour signifier : « Secoue-toi ».

Vous pouvez aussi lui enseigner à faire *Non* de la tête. Il s'agit simplement de le gratter derrière une oreille pour se mette à se secouer la tête en simulant un *Non*. Différentes pratiques de quelques minutes et il finira par faire l'association entre son mouvement et mot prononcé. Vous vous approchez en disant : « Es-tu prêt, c'est l'heure du spectacle. » Le chien se lève et se secoue la tête pour vous signifier qu'il n'est pas prêt.

PRENDRE LA POSE

Vous devez entraîner votre chien le plus souvent possible en public, de sorte qu'il se sente à l'aise pour exécuter ses tours amusants et ses prouesses le moment venu.

Pour prendre des photos intéressantes, il faut que votre chien fasse des airs inusités. Faites le clown devant lui, gesticulez et produisez des bruits de toutes sortes : il sera intrigué par vos mimiques et il réagira vraisemblablement en « prenant des poses » qui feront d'excellents clichés.

Au moment propice, selon les postures qu'il prendra, vous pourrez ajouter les commentaires appropriés, tels que : « Un sourire! », ou encore : « Fais ton frais! »

Il finira par associer chaque commandement à une mimique ou à une pose, qu'il s'empressera de reproduire ensuite sur commande.

JOUER AU COW-BOY

Votre chien est parfaitement capable d'apprendre à jouer la comédie. Imaginons la scène suivante : vous, le shérif tiré à répétition sur le méchant cow-boy et celui-ci finit par s'écrouler, présumément mort, après avoir marché, boité, rampé, puis roulé sur lui-même.

La scène se termine quand vous, le shérif s'approche du cowboy et lui dit d'arrêter de faire semblant d'être mort. Comme il n'y parvient pas, il menace de pratiquer le bouche-à-bouche. À ce moment, comme par miracle, le mort revient aussitôt à la vie et bondit sur ses pattes. Vous avez sûrement reconnu dans ces comportements du cow-boy des tours que votre chien est maintenant capable d'exécuter.

Pour recréer cette mise en scène, il faut procéder par étapes : le chien s'en vient vers vous par le signe du rappel , au premier coup de feu, quand vous dites : « Bang! » et que vous faites le geste ordre secret voulu, le chien se met à boiter. Au second « Bang! », accompagné du geste secret qu'il faut, il commence à ramper; au troisième, il tombe couché, au quatrième, il se roule par terre et, au dernier coup de revolver, il tombe à la renverse et reste inerte sur le sol.

Votre chien continuera donc à faire le mort jusqu'à ce que vous lui parliez de venir lui donner le bouche-à-bouche. Au même moment, penchez-vous vers lui, dites : « OK! J'y vais ! » et claquez des doigts. Le chien comprend alors que c'est terminé et qu'il peut se relever.

Pour cette mise en scène, placez-vous à l'horizontal de la scène. Vous dites « Bang » tout en pointant du doigt. Puis vous ramenez votre main le long du corps et faites le geste ordre minuscule à l'abri des regards et pour chacun des autres mouvements qu'il doit accomplir.

À la longue, à force de jouer et de rejouer la scène entière de la même manière tout les jours pendant tout au plus quinze minutes, il arrivera à mémoriser la suite des actions et vous n'aurez plus qu'à dire le premier « Bang! » pour déclencher toute la comédie. Il devinera que l'instant est arrivé de jouer le rôle le plus important de toute sa carrière de jeune acteur. Il sera bien content de l'accomplir à cause de l'atmosphère générale du jeu qui s'en dégage.

MARCHER DE CÔTÉ

Marchez en vous déplaçant de côté vers la gauche. Votre chien est à côté de vous vous et vous imite. Revenez vers le point de départ, votre chien fait de même. Est-ce un rêve ?

Ici encore, il faut procéder par étapes. Dans un premier temps, placez votre chien à votre gauche, puis déplacez-vous lentement vers la droite en tapant sur votre cuisse gauche, et en disant : « De côté ! Au pied! » Répétez ce mot-ordre en tirant sur la laisse avec la main droite et même temps que, de la main gauche, vous poussez légèrement sur son derrière avec vos mains ou un petit bâton s'il est trop petit pour lui faire comprendre de se déplacer de côté vers vous.

Félicitez votre chien chaque fois qu'il se déplace un tout petit peu dans la bonne direction. Refaites cet exercice pendant quelques minutes tous les jours et votre chien se déplacera bientôt de mieux en mieux de côté. Diminuez graduellement les paroles « De coté » et le geste qui est se taper sur la cuisse gauche et, après quelques semaines votre chien se déplacera de côté en vous suivant, même si vous lui donnez un seul commandement au début de l'exercice.

Cet enseignement demande de garder un esprit calme et détendu pour toujours replacer gentiment votre chien avec vos mains. Votre chien veut juste percevoir votre énergie positive, pas vous entendre parler.

La beauté de ce tour, c'est de voir toujours votre chien bien perpendiculaire à vous.

À ce moment, votre chien est prêt à passer à une autre étape : procédez de la même façon que précédemment, mais placez-vous devant lui. Commencez par lui montrer à se déplacer dans le même sens que d'habitude, c'est-à-dire vers la droite, toujours en lui disant : « De côté! » Quand il aura bien acquis ce comportement, recommencez et apprenez-lui le même mouvement du côté gauche. Il est très important de respecter toutes les étapes. Bientôt, simplement en entendant dire « De côté » ou simplement en vous voyant faire, votre chien vous suivra et il finira par exécuter ce tour avec adresse, en marchant d'un pas normal. Bien utile à savoir pour les démonstrations musicales de styles libres.

Faire marcher votre chien de côté est une prouesse digne d'un bon éducateur et d'un bon élève.

ALLER DANS SON COIN

À la fin d'une représentation, pour dérider le public une dernière fois, laissez entendre que vous êtes très satisfait de la performance de votre chien et que vous voulez terminer la soirée avec un exercice très simple.

Ordonnez tout bonnement à votre chien d'aller se coucher sur son tapis en lui disant : « S'il te plaît, voudrais-tu te rendre dans le COIN ? » Joignez à ces paroles inconnues de lui un très petit geste de la main qu'il connaît et qui signifie : « Assis ». Évidemment, le chien s'assoit. Aux yeux des spectateurs, la situation paraît cocasse : le chien semble faire la forte tête.

Pour accentuer le ridicule de la situation, implorez votre chien de ne pas vous faire perdre la face et conjurez-le de se rendre dans le coin. Vous pouvez utiliser toutes les flatteries voulues pour rendre la scène aussi farfelue que possible. À la fin, mettez-vous à genoux, les mains jointes, et adressez-vous à votre chien en lui disant : « Votre Excellence, Votre Majesté, s'il te plaît, VA sur ton tapis. » Le chien obéira illico car il connaît déjà cet ordre.

Avec le temps, les premières paroles : « S'il te plaît, voudrais-tu te rendre DANS TON COIN ? », qui sont sans signification au début, prendront le même sens que : « Assis » et le chien s'assoira sans que vous ayez à faire le geste. Rappelez-vous qu'il est préférable de répéter plusieurs exercices pendant la leçon quotidienne de quinze minutes que de reprendre inlassablement le même exercice. De plus, souvenez-vous que pour obtenir la perfection, la douceur et le calme donnent de bien meilleurs résultats que l'énervement et les cris.

Faites vivre à votre chien différent expériences de qualité et cela éveillera son intelligence. Plus vous le garderez loin de toute la famille, moins vite il évoluera. Les caresses et les compliments sont le stimulus numéro un.

UN ARCHÉOLOGUE EN PUISSANCE

Expliquez à votre public que votre chien a raté sa carrière. Ce qu'il voulait vraiment, c'était de devenir un vrai archéologue, un chasseur de trésor. Vous lui demandez : « Va chercher un trésor ». Sur ce, enjoignez-le de se rendre à l'endroit de la prétendue découverte. Il se met à creuser dans son grand plat.

Comme votre chien a appris à rapporter des objets, il rapporte quelques instants plus tard l'os énorme qui s'y trouve au plaisir de l'assistance. Vous annoncez à vos amis qu'il a découvert un os de dinosaure.

Votre chien peut apprendre à creuser si vous lui présentez une friandise que vous cachez ensuite dans la terre meuble dans votre jardin ou sous une serviette dans son grand plat. Ne laissez pas votre chien se servir de son nez pour chercher.

Continuez à l'encourager verbalement, en lui montrant comment faire de vos mains et en lui dévoilant qu'il y a une friandise sous la serviette.

Éventuellement, il va se mettre à creuser sous la serviette. Aussitôt qu'il bouge ses pattes juste un peu, dites « Cherche le trésor. Creuse». Montrez-lui le biscuit qui se trouve dessous la serviette. Quand il trouve le biscuit par lui-même, félicitez-le chaudement.

Pour les chiens qui ne sont pas des terriers naturels, cela peut prendre plus de temps à saisir le geste à accomplir. Ensuite remplacez le biscuit par le gros os qu'il va vous ramener.

Exercez souvent la mise en scène complète de l'archéologue, cela deviendra une réussite totale. La répétition de l'exercice dans une atmosphère agréable est le gage d'un bon enseignement et d'un bon professeur.

L'archéologie, une façon bien spéciale de vivre!

AIMER FAIRE LE CONTRAIRE

Ceci est une petite fantaisie qui, bien exécutée, remporte beaucoup de succès. Les gens aiment bien rire, alors toutes les occasions sont bonnes pour leur faire oublier leurs petits tracas quotidiens.

Vous expliquez que votre chien est souvent enclin à faire tout le contraire de ce que vous lui demandez. À ces mots, vous lui demandez : « Est-ce vrai ». Il vous répond verbalement. Vous lui dites qu'il doit être sérieux aujourd'hui car vous allez faire passer une série de test pour son examen final d'acteur pour devenir membre de l'union des artistes.

Pour que tout se passe bien, vous dites que vous allez faire une petite prière et votre chien vient s'installer : « Seigneur, faites que mon chien le plus intelligent de la terre, ne commence pas à faire tout le contraire de ce que je lui demande juste pour faire rire. Amen. »

Vous annoncez au public que vous allez commencer par des exercices faciles : « Viens - Au pied - Debout - Assis – etc. Tout se déroule bien.

Puis vous lui demandez de marcher bien droit à coté de vous, pas tout croche, il se met à zigzaguer ; vous lui demandez de rester debout devant vous sans bouger, il se déplace dès que vous vous déplacez de côté. Vous lui demandez de prendre une pause pour relaxer, il fait la figure huit entre vos jambes.

Le modèle reste toujours le même : il s'agit de tabler sur l'incongruité entre la commande verbale, qui ne représente rien de connu pour le chien, et un petit geste discret qui constitue pour lui la seule véritable commande à laquelle il est habitué de réagir.

Quand il marche vers vous, vous lui dites « Viens pas me dire que la tête te tourne ? Eh, oui, la tête te tourne » et il accomplit des tourniquets. Vous prenez la position d'une personne gênée et le chien fait de même. Vous expliquez à votre public qu'il vaut mieux arrêter. « Mon chien fait une belle Courbette, maintenant fait Bye-bye à tes amis ». Voilà qu'il termine le spectacle sur une bonne note.

En fait, il s'agit pour vous de faire preuve d'imagination et de créer des situations comiques autour des finesses que votre chien connait. Vous aurez beaucoup plus de succès qu'un entraîneur présentant des fantaisies de façon banale. Tout est dans la présentation, dans l'originalité!

Préparez différentes mises en scène de seulement cinq minutes. Ainsi le chien et vous serez moins stressés. Trouvez un thème pour chaque scène.

Par les applaudissements, votre chien sera accepté comme acteur de talent et vous comme un entraîneur de classe.

22. LA COMMÈRE DU VILLAGE

Plusieurs chiens adorent s'extérioriser de différentes façons. C'est même un supplice pour certains de ne pouvoir effectuer un peu de commérage... Le chien manifeste ses sentiments de plusieurs façons, notamment par des aboiements. Par ailleurs, nous avons déjà souligné l'acuité de sa perception auditive.

En entraînement, il faut mettre largement à contribution toutes ses habiletés sensorielles et particulièrement tout ce qui a rapport aux sons. Alors, quand vous donnez un ordre, qu'il soit verbal ou gestuel, évitez de mentionner le nom du chien; de cette manière, il prêtera attention à l'ordre qui lui est donné et il deviendra plus attentif et plus concentré sur vous et la tâche à accomplir.

PARLER ET CHANTER

Votre chien connaît déjà l'aboiement à l'ordre, c'est-à-dire parler. Il sera alors facile d'incorporer cette aptitude dans différentes mises en situation toutes préparées à l'avance. Par exemple, posez-lui une question : « Veux-tu une bonne friandise? Est-ce vrai? Parle! » Excitez-le avec un biscuit en lui répétant : « Est-ce vrai? Parle! » Au moment où il se met à aboyer, donnez-lui le biscuit.

Après quelques temps, supprimez le biscuit et il jappera dès qu'il entendra les mots : *Est-ce vrai? Parle!* Ou bien encore *Es-tu content* ? *Dis-le*. Peu importe la phrase, dès que vous la terminerez par : « *Est-ce vrai?* » ou bien : « *Es-tu content?* », il peut aussitôt parler et reçoit un compliment. Par la pratique, vous pourrez éliminer les mots *parle* ou *dis-le.*

Même si votre chien n'a pas encore appris certains mots-ordres clés, vos invités seront fort impressionnés par l'étendue du vocabulaire compris par lui. En réalité, il réagira même au geste discret des doigts, ou même simplement à un léger mouvement des lèvres.

Pour lui enseigner à chanter, il suffit de procéder de la même façon, en changeant seulement le déclencheur par le son d'un instrument de musique. Certains vont lui chanter une chanson, ce qui peut réussir. Par contre, si votre chien va s'abriter dans son lit, vous feriez mieux d'oublier sa carrière de chant!

Par la pratique, votre chien deviendra une vraie commère ou un chanteur !

APPRENDRE À COMPTER

L'intelligence de votre chien étonnera vos invités quand ils verront qu'il sait additionner et soustraire, multiplier et diviser. Pourtant, il arrivera à faire tout cela si vous vous y prenez de la même façon que précédemment pour lui apprendre à répondre.

Tout au long de la journée, votre chien vous observe attentivement. Il apprend vos mimiques, votre démarche et même vos grimaces. En fait, il faut toujours partir de ce qu'il connaît pour l'amener à une nouvelle activité. Dans le cas des chiffres par exemple, comme votre chien réagit déjà en aboyant au commandement : « Dis-le », commencez l'apprentissage en lui disant : « Un plus un!...Dis-le! » Il commencera par aboyer une fois. Regardez-le alors en répétant : « Encore... Dis-le! » Quand il aura jappé une deuxième fois, faites un large sourire et donnez-lui un biscuit pour lui indiquer qu'il a répondu correctement à ce que vous attendiez de lui.

N'oubliez pas que le chien ne doit commencer à répondre que lorsque vous lui dites: « Dis-le » ou bien quand vous faites le petit signe secret de la main, ou le léger mouvement des lèvres ou un clin d'œil, mais pas avant. De plus, il doit s'arrêter à votre grand sourire qui deviendra ensuite un très petit sourire.

À partir de cet exemple, vous pouvez lui apprendre des calculs en apparence plus complexes. De jour en jour, recommencez en lui posant toujours les mêmes problèmes et dans la même suite au cours de votre séance journalière d'enseignement de quinze minutes, tout en suivant votre liste. « Un plus un - Deux plus un ? - Combien de pattes as-tu ? - Et moi, combien de jambes. - Quel âge as-tu ? Maintenant voici un calcul mental plus complexe: - Cinq plus quatre divisé par trois ».

L'important, c'est qu'il ressente votre indifférence tant qu'il n'est pas arrivé à la bonne réponse. Il sera à même de comprendre que chaque fois qu'il hésite et que vous lui faites un petit signe des sourcils ou de la tête, c'est seulement pour lui signifier qu'il doit poursuivre. De même, s'il continue d'aboyer après avoir atteint la bonne réponse, vous lui faites aussitôt une grimace, de gros yeux, et vous dites d'un ton ferme : « Assez! »

Par ailleurs, il doit comprendre aussi clairement quand il a donné la bonne réponse. À vous de lui manifester votre sourire sans ambiguïté, votre nouveau signe secret pour lui signifier d'arrêter, et récompensez-le aussitôt.

Une bonne façon de bien préparer votre chien à réaliser ce truc est de vous placer dos au public. Votre animal doit être assis devant vous.

Mettez votre main contenant le biscuit près de votre figure pour habituer votre chien à vous examiner, pour qu'il apprenne à se concentrer sur votre visage. De plus, apprenez à vous placer de façon que le public regarde votre chien plutôt que vous.

Au bout d'un mois de pratique, il pourra même avoir appris par cœur quelques exercices d'arithmétique avec sa mémoire répétitive. Au fil du temps, vos gestes se feront de plus en plus discrets de sorte que, à la fin, les spectateurs ne verront que du feu à l'ensemble des interactions secrètes entre votre chien et vous et resteront estomaqués devant les habiletés de votre compagnon. Ne dévoilez jamais vos signes secrets, vous enlèverez tout le charme à votre performance. Cela deviendra très banal pour tout le monde.

Par cet autre petit spectacle de cinq minutes, vous et votre chien passerez pour des artistes de talent pour votre entourage.

JURER LA VÉRITÉ

Commencez par apprendre à votre chien à répondre à quelques mots-ordre bien simples: « Est-ce bien vrai? », ou : « Jure-le! » À partir de là, tout est possible : vous pouvez monter tous les scénarios que la fertilité de votre imagination pourra créer. Retenez que vous pouvez, et vous devez construire une histoire pour vos spectateurs, mais que cette histoire est un leurre parce que votre chien ne réagira, au fil de la mise en scène, qu'aux éléments, gestes ou paroles, auxquels vous l'aurez initié. En voici un exemple. Apprenez d'abord à votre chien à placer sa patte droite sur un livre quand vous lui en présentez un. Cela fait, le reste n'est qu'un jeu d'enfant.

Voici une petite mise en scène intitulée : Mon chien me jure la vérité, toute la vérité rien que la vérité !

Annoncez à votre public que votre chien est l'animal le plus intelligent du monde et demandez-lui de le confirmer en lui posant la question : « Est-ce vrai? » Le chien s'empressera de le faire en aboyant. Demandez-lui ensuite d'en faire la preuve en répondant à une série de questions comme : « Tu sais tout et tu comprends tout. Est-ce vrai? » « Tu sais faire des additions et des soustractions. Est-ce vrai? ». « Tu es capable de compter jusqu'à un million. Est-ce vrai? ». « Tu es capable de sauter pardessus un autobus. Est-ce bien vrai? ».

Après une série de questions du genre, le public sera intrigué; il se demandera comment vous arriverez à faire la preuve de tout cela. Voici l'effet de surprise que vous lui réservez.

Annoncez à votre chien, ainsi qu'au public, que vous allez vérifier toutes ces prétentions. Faites asseoir votre chien devant vous et dites : « je te présente la bible du bon entraîneur intitulé : *Apprendre à votre chien* ***15 tours amusants en seulement 30 jours et 15 minutes par jour.*** Mets ta patte sur la Bible. Jures-tu de dire la vérité, toute la vérité, rien que la vérité? Jure-le! » Il jurera.

Ensuite, dites-lui : « Écoute-moi bien. Je sais que c'est impossible et, comme je te connais bien, je pense que tu es le plus grand des menteurs; j'ai raison, est-ce vrai? » Le chien acquiescera de nouveau, au grand plaisir des spectateurs, qui ne s'attendent pas à un tel dénouement.

Les séances de pratiques doivent prendre l'allure d'un véritable jeu. Évitez la routine, donnez du rythme, soyez enthousiaste, soyez détendu et terminez chaque séance par un exercice que votre chien aime exécuter. S'il développe le goût d'apprendre, il évoluera plus facilement et rapidement. Il vous appartient de trouver les moyens de l'amuser et de l'intéresser à ce passe temps.

Vous pouvez préparer plusieurs petites mises en situation de cinq minutes sur ce modèle. Arrangez-vous pour que votre chien prenne plaisir à y participer et, grâce aux répétitions régulières de quinze minutes, vous constaterez que vous n'aurez qu'à commencer à raconter une histoire connue pour qu'il se montre fin prêt à y tenir son rôle. Un acteur de classe !

MON DÉTECTEUR DE FUMÉE MAISON

Votre chien peut même devenir soucieux de la santé de votre famille. Apprenez-lui à prévenir en aboyant aussitôt qu'il voit ou qu'il sent de la fumée. Pour y arriver, travaillez d'abord à l'extérieur de la maison en allumant un très petit feu dans une petite poubelle qui dégage de la fumée et en lui disant : « Parle! » quand le feu est allumé. Apprenez-lui aussi à se taire aussitôt que vous lui commandez le silence.

A l'intérieur, poursuivez l'activité en faisant brûler un tout petit papier dans un cendrier. Quand il vous averti, demandez-lui le silence et, lorsqu'il arrête de japper, dites-lui : « Beau chien! » pour lui faire comprendre qu'il faisait exactement son travail. Attention, si vous êtes trop brusque pour lui demander de se taire, il ne vous avertira peut-être pas la prochaine fois, par crainte des représailles. Assurez-vous de respecter toutes les règles de sécurité. Petit à petit, le chien se mettra à japper dès qu'il y aura ou sentira de la fumée et il s'arrêtera lorsqu'il recevra l'ordre de se taire.

Un invité arrive chez vous. Il s'allume une cigarette, votre chien l'avertit qu'il est dans une maison qui préconise la santé de ses membres. C'est une excellente activité pour une campagne anti-tabac.

23. DES JEUX CRÉATIFS

Dans les pages qui suivent, nous poursuivons bien sûr la démarche visant à faire apprendre de nouvelles prouesses à votre chien, notamment pour améliorer sa maîtrise et sa capacité à faire des activités plus complexes comme celle requises pour les chiens d'accompagnement dans le cas des personnes handicapées. Nous tenterons aussi d'améliorer vos compétences d'entraîneur en vous enseignant diverses méthodes d'apprentissage.

LE CONCIERGE FATIGUÉ

Cette mise en situation s'appuie sur l'acquisition de deux nouveaux comportements à partir des commandements « Viens me réveiller » et « Pousse ».

On suppose que le chien connaît déjà le commandement « Pose les pattes dessus ». Avec ces quelques ingrédients, on peut monter cette petite mise en scène bien spirituelle. Vous vous présentez, un balai à la main, pour nettoyer la scène ou l'espace qui en tient lieu. Vous dites fort et haut : « A moi, la gloire, la renommée, la célébrité, les honneurs, la popularité, les rêves de conquête ». Vous balayez puis vous faites semblant d'être fatigué, vous ralentissez peu à peu votre allure tout en bâillant plusieurs fois. Puis, vous vous endormez littéralement sur votre balai. Vous êtes même en train de ronfler.

Tout à coup, d'un sursaut, vous dites : « Mon chien, viens me réveiller. » Le chien doit avoir appris à poser ses pattes sur votre postérieur et à vous donner une poussée (« Pousse ») sur le postérieur. De votre côté, ne résistez pas, faites semblant de tomber à la renverse, puis dites à l'assistance que vous êtes bien gêné (votre chien vous imite). « Mais quel rêve, j'ai fait ». Puis vous passez à une autre mise en scène. Quelle belle petite histoire inédite!

Pendant l'entraînement, faites voir à votre chien par de l'enthousiasme qu'il a bien réussi ce que vous lui demandiez. Toutes ces mises en situation feront l'objet d'exercices quotidiens de quelques minutes seulement.

La régularité et la répétition dans la bonne humeur feront ici beaucoup mieux que la pression. Une légère mais constante amélioration devrait vous satisfaire, car elle est la preuve que votre chien a toutes les qualités qu'il faut pour y arriver. Variez les lieux et les conditions de son apprentissage : ainsi, le moment venu de s'exécuter, il ne sera ni surpris ni distrait par l'environnement.

UN VRAI HYPOCRITE

L'apprentissage des commandements « Saute », « Cache dedans », « Couche », « Reste » peut donner naissance à une séquence particulièrement réussie. Voici la mise en situation : vous présentez votre petit chien au public en expliquant qu'il sait faire de nouveaux tours, entre autres des sauts d'obstacles. Tout en parlant, vous vous déplacez en disposant des obstacles sur un parcours préétabli. La suite logique des événements voudrait que le chien montre ensuite son savoir-faire.

Dans la réalité, cependant, le chien vous suit pendant que vous disposez les deux obstacles et il les fait tomber l'un après l'autre, après quoi il va se cacher dans un baril.

Au moment où vous vous apercevez du manège, vous relevez les sauts. Vous terminez en vous adressant aux spectateurs : « OK. C'est fini. C'est inutile, car, même si je lui disais : « Va, saute par-dessus les obstacles », il n'y comprendrait rien du tout. »

Pendant ce temps, le chien saute par-dessus tous les obstacles aller-retour. Comment y arriver? Apprenez à votre chien à obéir à une nouvelle séquence de commandements.

C'est un numéro qui demande beaucoup de courtes répétitions et de compliments. La première étape consiste à lui inculquer d'être derrière vous et de vous suivre, de jeter les sauts par terre, puis d'aller se cacher dans le baril.

Pour lui apprendre à aller se cacher dans le baril, lancez un biscuit à l'intérieur en lui disant : « Cache dedans »; ensuite, faites-le sortir du baril quand vous le voulez par le commandement : « OK, c'est fini » accompagné d'un claquement des doigts pour le libérer.

Un jour, il n'aura qu'à voir la situation pour comprendre que c'est à son tour de jouer son rôle et d'obtenir une réussite parfaite. L'hypocrite par excellence en action!

UN VIRTUOSE DU PIANO

Une combinaison des commandements connus « Bye-bye », « Donne la patte » et « Met les pattes dessus », avec les gestes requis de votre part, amènera votre chien à taper de manière continue sur un petit clavier, imitant ainsi les gestes d'un pianiste.

Pour ce faire, vous devez, au moment de donner l'ordre « Donne les pattes », avancer vos mains vers les pattes du chien, mais sans les toucher. Par ce mouvement, couplé au « Bye-bye encore », vous arriverez peu à peu à le faire taper sur le clavier avec ses pattes. Le geste, vous l'avez deviné, imite quelqu'un qui joue sur un piano invisible.

Pour la présentation, vous pouvez annoncer votre chien comme la réincarnation de Beethoven et de Mozart pour la musique classique Toutefois, quand vient le temps de s'exécuter au piano, vous pouvez faire entendre du rock & roll, ce qui produit toujours son effet. La présentation du tour sera d'autant mieux réussi que le chien restera en jouant au piano plus longtemps.

Normalement, il devrait s'exécuter tant que vous n'aurez pas donné l'ordre : « OK, c'est fini » de façon verbale ou gestuelle.

Mon chien, le prochain virtuose !

ON SONNE À LA PORTE

Un grand chien qui demande à entrer en sonnant à la porte, c'est bien poli, mais c'est surtout très impressionnant. Vos amis seront surpris de voir un chien si intelligent, « presque autant que son maître », diront-ils.

Vous pouvez y arriver en lui montrant d'abord à mettre la patte sur la sonnette avec le mot-ordre : « Mets la patte dessus » accompagnée d'une démonstration de votre part. Au préalable, apprenez à votre chien à demander de se faire ouvrir la porte pour sortir en lui disant : « Tu veux aller dehors? Parle! »

N'ouvrez la porte que lorsqu'il aura aboyé. Déjà, il verra que la porte ne s'ouvre qu'à la suite d'une intervention de sa part. Pour entrer, il devra placer la patte sur la sonnette, puis, au commandement : « Sonne à la porte », appuyer sur la sonnette et la relâcher, tour à tour.

Dès qu'on entend la sonnette, il faut ouvrir la porte et laisser entrer le chien pour bien lui faire voir qu'il a produit l'effet désiré. Les félicitations, les encouragements ...et les récompenses, les biscuits, sont toujours de rigueur après la réussite. Au bout d'un certain temps, le chien finira par s'exécuter au seul commandement : « Sonne à la porte ». C'est le genre de prouesse qui peut être utile à enseigner au chien pour les personnes handicapées.

Que de chemin parcouru et combien plus facile depuis que vous vous appliquez à bien comprendre un exercice avant même d'essayer de l'enseigner à votre chien.

ALLUMER ET FERMER LA LUMIÈRE

Votre chien peut-il allumer et éteindre le plafonnier dans une pièce? Sans doute, s'il est assez grand pour atteindre l'interrupteur et apprendre à pousser dessus avec sa patte ou son museau. Partez de demandes connus : « Mets ta patte dessus », et « Pousse », pour en arriver, à « Va allumer ou Va éteindre la lumière ».

Le soir est le meilleur moment pour apprendre ce tour, parce que l'effet recherché est plus évident. Quand le chien aura établi un lien entre son geste et le fait que la lumière s'allume ou s'éteint, il sera d'autant plus intéressé à faire cette finesse qu'il la considèrera plus ou moins comme un jeu. Il faut toutefois reconnaître que ce lien n'est pas facile à établir pour l'animal. Ici encore, la récompense pour le succès demeure un outil essentiel de renforcement.

C'est le genre d'habileté recherché par ceux qui fournissent des chiens aux personnes handicapées. Du point de vue du public, c'est le genre d'habileté que vous devrez être capable d'inculquer pour être reconnu comme un bon entraîneur. Par ailleurs, une bonne mise en scène autour de la réalisation du tour a toujours son importance, car on ne sait jamais quand se pointera un représentant d'une agence à la recherche d'animaux pour faire de la publicité ou même du cinéma.

« Mon chien, une vraie lumière ! »

FERMER ET OUVRIR LA PORTE

Il apparaît évident qu'il est plus facile d'apprendre à fermer la porte que de lui apprendre à l'ouvrir, surtout quand on sait que le chien est déjà capable de pousser en réponse à la commande correspondante. Allons-y donc avec la logique et commençons par lui montrer à fermer la porte, tout en faisant évoluer l'ordre : « Pousse » vers le nouveau commandement « Ferme la porte ». Une fois cet apprentissage réalisé, voyons comment on peut arriver à lui faire ouvrir la porte.

Permettez-moi de profiter de la présente situation pour faire une mise au point importante relativement à cette prouesse, mais aussi à certains autres tours. Il faut toujours tenir compte de la morphologie de votre chien : en clair, cela signifie qu'il faut se demander si le chien est bel et bien assez grand ou assez fort pour atteindre le résultat escompté. Tout échec répété à cause de ce facteur pourrait se traduire par une difficulté grandement accrue à lui faire acquérir des habiletés supplémentaires.

Dans la même veine, il faut s'assurer de satisfaire à certaines conditions pour que la prouesse soit faisable. Par exemple, de quel type d'interrupteur dispose-t-on pour apprendre au chien à allumer la lumière? Ou encore quelle sorte de poignée y a-t-il sur la porte qu'on veut lui faire ouvrir?

Il faut aussi tenir compte de la personnalité du chien, c'est-à-dire reconnaître que les bêtes n'apprennent pas toutes au même rythme et que certaines méthodes sont plus efficaces que d'autres selon les circonstances et selon l'animal. C'est la perspicacité de l'entraîneur et la connaissance qu'il a de son chien qui lui fera découvrir les méthodes d'entrainement les plus porteuses de succès.

24. DES TALENTS DE RAPPORTEURS

Même si, de manière générale, les apprentissages se font en s'ajoutant les uns aux autres, il est très important de maintenir beaucoup de rigueur dans les séances d'entraînement. Il faut toujours montrer au chien que l'on prend au sérieux ce jeu à chaque session de formation, surtout quand il s'agit simplement de récapituler une leçon déjà apprise. Il faut se montrer un chef de meute en dégageant une énergie calme, positive et ferme. Tout laisser-aller peut amener le chien à faire à sa tête et causer des problèmes pour les futurs apprentissages. Il faut donc démontrer du leadership et toujours être exigeant et rigoureux.

Lorsqu'il reçoit des félicitations pour un comportement souhaité, votre chien apprend à faire les bonnes choses, au lieu d'avoir un manque d'attention. La récompense ou la réprimande doit venir très rapidement pour que le chien établisse un lien entre ce qu'il a fait et votre réaction de satisfaction ou d'insatisfaction. Chaque nouveau défi vous donne la chance de pratiquer votre talent de chef de meute : être calme et en contrôle.

À la récréation, on joue. À l'école, on s'applique!

UN BON COMMISSIONNAIRE

Votre chien a appris depuis longtemps à aller chercher des objets que vous avez lancés et à les rapporter. Habituez-le maintenant à apporter un petit cadeau à une personne qui vous est chère. Quand vous êtes en famille ou entre amis, prononcez souvent le nom des personnes devant votre chien pour qu'il les apprenne; faites-lui aussi transporter différents objets en lui ordonnant de les prendre et de les apporter à quelqu'un. Dites, par exemple : « Prends la balle! Va la donner à Martin! » Pointez votre doigt en direction de Martin pendant que celui-ci appelle votre chien.

Quand le chien se rend à la personne et lui donne la balle, c'est elle qui le félicite et qui le récompense. Augmentez graduellement la distance et diversifiez les personnes et les objets. En répétant cet exercice régulièrement, le chien s'habituera à transporter des objets de nature, de texture et d'apparence différente.

Mon chien, un vrai chanteur de pomme!

RÉPONDRE AU TÉLÉPHONE

Votre chien ne sera sans doute jamais capable de prendre vos messages, mais il peut assez facilement apprendre à vous apporter le combiné du téléphone quand vous recevez un appel, particulièrement si vous utilisez un téléphone sans fil.

Comme il sait déjà transporter des objets, il lui sera relativement aisé de mettre ce nouveau tour dans son sac. Pour commencer, installez-vous sur le plancher avec un vieux téléphone de préférence pour que votre chien apprivoise cet objet.

Faites-lui prendre le combiné dans sa gueule, d'abord en le ramassant sur le sol, puis en le soulevant directement de l'appareil. En même temps, habituez-le à répondre à nouveau au commandement : « Va répondre au téléphone! Apporte! » Continuez en plaçant l'appareil de plus en plus loin de vous. Quand il vous l'apporte, laissez-le-lui pendant quelques secondes avant de dire : « Donne » et, bien sûr, de le féliciter chaleureusement.

Au fur et à mesure qu'il se familiarise avec ce geste, vous faites en sorte de transférer le stimulus entre votre commandement verbal : « Va répondre au téléphone! Apporte! »et la simple sonnerie de l'appareil qui finira par déclencher l'action de votre chien.

Pour épater la galerie, vous pourrez même finir par dire à votre chien au moment où le téléphone sonnera : « Allez, va répondre au téléphone, c'est sûrement encore pour toi! »

Le chien s'amusera encore plus si vous amis qui vous appellent lui disent quelques mots avant que vous n'engagiez la conversation.

APPORTER DES ŒUFS

Eh oui! Aussi incroyable que cela puisse paraître, vous pouvez enseigner à votre chien à transporter des objets aussi fragiles que des œufs frais, sans les briser. C'est un excellent exercice pour former un chien de chasse, qui aura à rapporter du gibier sans le massacrer. Ici, c'est plus la situation de démonstration qui est intéressante que l'apprentissage comme tel d'un truc nouveau.

Plusieurs œufs de couleurs sont placés par terre, à deux mètres de distance; vous envoyez votre chien en rapporter quelques uns et il vous les donne sans les briser. Vous confondez les sceptiques en prenant un œuf au hasard et en le brisant dans un récipient approprié. La suite devient encore plus intéressante sur le plan du spectacle; au lieu de ranger les œufs qui restent, vous les lancez parmi les spectateurs.

Ceux-ci, stupéfaits, sursauteront... Mais, il n'y avait qu'un seul œuf véritable, celui que vous avez brisé au début pour montrer l'habileté de votre chien; les autres sont en matière plastique, donc sans danger.

Une façon originale de démontrer la dextérité du chien. Ouf ! Une chance, on a eu vraiment peur!

TRANSPORTER SON SAC DE BISCUITS

Vous êtes dans la cuisine et vous demandez à votre chien d'aller vous chercher son sac de biscuit. Il part, se rend au comptoir, ouvre la porte d'armoire et vous le rapporte. Puis après avoir reçu sa récompense va le remettre dans l'armoire et referme la porte. Quand fera-t-il la vaisselle maintenant ? Quel aide géniale!

Comme le chien est initié depuis longtemps à rapporter des objets, voici une finesse pour rendre cet exercice un peu plus impressionnant. Cette habileté s'acquiert aussi par étapes, selon la même logique qu'auparavant, c'est-à-dire en allant du connu vers l'inconnu.

Dans le cas présent, les trois étapes peuvent être les suivantes : Il faut lui inculquer à ouvrir la porte de l'armoire, avec le commandement : « Tire dessus» que le chien connaît déjà. Pour l'aider, vous avez attaché un linge à vaisselle à la poignée. Il le lâchera au commandement : « Lâche! » Dès lors, il mérite un biscuit, ce qui lui fera comprendre qu'il doit tirer et ouvrir sur la porte pour l'avoir.

La porte d'armoire est ouverte. Vous placez le sac de biscuit qu'il est déjà habitué de voir bien en vue. Vous lui demandez d'aller chercher son sac de biscuits et de vous l'apporter, ce qu'il s'empressera de faire, sachant très bien qu'il aura droit à sa récompense surtout après avoir réussi sa finesse.

Vous n'aurez pas besoin d'exercer très longtemps votre chien pour qu'il comprenne et aille chercher rapidement l'objet quand vous lui direz : « Ton sac de biscuits! » Bien évidemment, maintenant vous faites simplement le féliciter au moment où il vous apporte son sac.

Toutefois, le véritable intérêt, c'est que votre chien retournera à l'endroit initial dès que vous l'enjoindrez de le faire, puis refermera la porte d'armoire. Il faudra lui enseigner à répondre à l'ordre : « Va fermer la porte. Pousse dessus». Idéalement inculquez-lui à fermer la porte avec son museau comme dans : Dérouler le tapis. Répétez ces différentes étapes une à la fois en l'encourageant et en le récompensant.

Il terminera par être capable d'enchaîner toutes ces actions dans une suite logique. Comme toujours des pratiques quotidiennes d'une durée de quelques minutes seulement, répétés dans un cadre jovial, l'aideront à faire la relation entre l'ordre donné et les mouvements à exécuter.

Il aimera aller chercher cet accessoire bien précieux pour lui car il renferme de succulentes friandises.

Mon chien, un animal gourmand peut-être !

RAMENER UN MOUCHOIR

Votre chien a le souci de votre bien-être et de votre santé. Faites-le voir à vos amis en éternuant devant lui : il se précipitera pour aller chercher un mouchoir et vous le rapporter.

Le transport d'objets est encore à la base de cet exercice. Cependant, ce tour est rendu plus compliqué par le type d'objet en question. Il faut apprendre au chien à retirer un seul mouchoir de la boîte sans la renverser. Cela ne va pas de soi, mais vous y arriverez si vous l'aidez, surtout au début, et si vous êtes assidu avec lui.

Apprenez-lui à réagir à votre éternuement, simulé ou réel : « Atchoum! » auquel vous pouvez ajouter au besoin : « Apporte un mouchoir ». En même temps, faites un signe pour lui montrer où se trouve la boîte, que vous aurez placée dans un endroit facile d'accès.

Une bonne manière d'éviter les dégâts pendant l'apprentissage est de fixer la boîte sur la table avec du ruban adhésif. Si vous présentez ce tour en spectacle, vous pourrez éventuellement tousser ou éternuer à n'importe quel moment pour que votre chien s'exécute correctement, à la surprise et au plaisir de l'assistance qui admirera sa sollicitude et son intelligence.

Atchoum ! Excusez-la !

RAMASSER SES SOUS, SON ARGENT

Vous arriverez aisément à créer toutes sortes de situations en enseignant à votre chien à ramasser des billets de banque puis ensuite des pièces de monnaie par terre, ou encore à en récolter auprès de l'assistance.

Pour obtenir ce résultat, partez de l'habileté à rapporter des objets qui est acquise depuis longtemps déjà.

Travaillez de manière sécuritaire pour le chien en lui faisant d'abord ramasser des pièces rondes et de plus grandes tailles en plastique; peu à peu, il en viendra à rapporter des pièces plus petites de un dollar sans risquer de les avaler.

« Mon chien serait-il un grippe-sous par hasard? »

À compter de ce moment, il vous appartient d'imaginer les situations les plus farfelues. Par exemple, vous pouvez dire que votre chien ramasse les dollars et ses sous pour aller à Disney World participer à un concours de chiens savants.

Vous pouvez aussi profiter de l'occasion pour dire à votre public que votre chien va recueillir leurs dons pour une cause humanitaire. Dans des cas semblables, le chien peut être entraîné à passer le chapeau au lieu d'aller chercher les dons à la pièce, en particulier si les invités sont nombreux.

Quand il a terminé, il fait une belle révérence aux gens pour les remercier de leur générosité.

Voila, un numéro très songée, pour en mettre plein la vue aux gens, de ce qui pour vous et votre chien n'est tout simplement qu'un petit exercice de rapport d'objet.

APPORTER UNE CHAISE

Voici une variante très appréciée du transport d'objets. Il faut procéder par étapes, en faisant croître les difficultés graduellement. Au début, trouvez le centre de gravité de la chaise en la prenant d'une main et en la soulevant. Puis, collez du ruban adhésif à cet endroit, de façon que le chien soit attiré vers cet endroit précis au moment de prendre la chaise pour la soulever. Aidez beaucoup votre chien, surtout au début, et encouragez-le fortement dès qu'il réussit à lever la chaise et à la transporter sur quelques pas. Augmentez peu à peu la distance sur laquelle il transporte la chaise.

Au cours des répétitions, inculquez-lui simultanément le nouveau commandement : « Sois poli : apporte une chaise ». Vos amis seront ravis de l'accueil de votre chien lorsqu'ils viendront faire la causette au chalet ou dans votre cour.

Soyez poli, toute la terre sera à vos pieds!

25. DE VÉRITABLES PROUSSES

Les prouesses suivantes sont d'un niveau plus élevé et ils sont très spectaculaires. Ils font appel non seulement à l'intelligence du chien mais aussi à la compétence du professeur. Vous devriez avoir acquis suffisamment d'expérience après plusieurs mois d'apprentissage pour vous permettre de viser des résultats supérieurs, surtout si vous avez su inculquer à votre chien l'amour de la collaboration.

Chaque race de chien a des penchants naturels qu'auparavant il pratiquait dans la nature. Vous pouvez remplacer ces talents innés par l'apprentissage de prouesses ou de sports canins pour lui aider à dépenser son surplus d'énergie et lui sentir qu'il est utile.

LE MANIAQUE DU FRISBEE

Votre chien est au loin, à une dizaine de mètres de vous. Tout en lui disant : « Attrape », vous lancez un frisbee dans sa direction. Dans un bond spectaculaire, il l'attrape au vol. Serait-il prêt pour les ligues majeures et les salaires faramineux?

Le jeu du frisbee est présentement une compétition très populaire dans plusieurs pays. Les prouesses les plus spectaculaires remportent la victoire. Pour commencer, il faut que le chien se familiarise avec un nouvel objet, le frisbee. Faites-le jouer avec une balle ou avec son jouet favori; remplacez peu à peu cet objet par le frisbee pendant de courtes périodes : montrez-le-lui, laissez-le toucher, le prendre dans sa gueule.

Puis, attachez le frisbee à une grande corde, excitez un peu le chien en l'agitant près de lui et commencez à le lancer en disant : « Attrape le frisbee ! » La corde vous permettra de ramener l'objet vers vous sans vous déplacer continuellement au cours de l'exercice. Félicitez-le souvent. Il faudra y consacrer du temps, car l'objectif ultime n'est pas que le chien aille chercher le frisbee et qu'il vous le rapporte, mais bien qu'il réussisse à l'attraper au vol.

L'apprentissage devra se faire dans une atmosphère décontractée : cela doit rester vraiment un jeu, un divertissement, sinon il ne voudra plus collaborer. Lancez le frisbee vers lui, en faisant bien attention de ne pas l'atteindre et de ne pas lui faire mal. Il prendrait alors ce jeu en aversion. En lui disant régulièrement : « Attrape le frisbee », il finira par y arriver de plus en plus souvent et vos encouragements s'avéreront particulièrement profitables. Projetez le frisbee à environ cinq mètres de distance en le faisant voler à peu près à un mètre du sol, et le chien l'attrapera au vol.

Si votre chien n'est pas robuste, il pourra être difficile, voire impossible, de pratiquer ce sport. Certaines races de chiens sont plus aptes que d'autres pour cette activité.

Augmenter le degré de difficulté en ajoutant des prouesses, de la musique, une chorégraphie plus précise, en lançant plusieurs frisbees à la suite les uns des autres, à des distances variables et dans différentes directions. Participez à des compétitions.

Faites-en un vrai spectacle. Vous deviendrez des champions !

SAUTER À LA CORDE

Au début, installez votre chien sur une petite table, face à vous, en tenant la laisse raccourcie. À l'aide d'un petit bâton, que vous passez sous ses pattes lentement très près du sol, vous lui apprendrez à sauter. Au départ, passez le bâton très lentement au niveau du sol ou de la table pour qu'il sente une légère pression sur ses pattes de devant et de derrière et qu'il soit porté à les soulever. En même temps, dites : « Saute! » Ne vous avisez surtout pas de le frapper ou de lui faire mal avec le bâton. Il gardera une répugnance pour ce jeu. Comme toujours les sessions sont positives et durent seulement quelques minutes !

Ce n'est qu'au bout d'une dizaine de jours qu'il commencera vraiment à comprendre qu'il doit soulever simultanément ses quatre pattes et à sauter en entendant le commandement : « Saute! » au moment où le bâton arrive près de ses pattes. Certains chiens sont plus rapides pour apprendre cette prouesse, d'autres trop nerveux.

Les jours suivants, augmentez tranquillement le tempo des sauts, tout en visant à enlever la laisse pour que le chien tout autant que vous soit plus libre de ses mouvements.

Alors, vous pourrez commencer à décrire un mouvement circulaire autour du corps et des pattes du chien avec le bâton : ce mouvement ressemble à celui de la corde à sauter. De jour en jour, le nombre de sauts consécutifs s'accroît et le chien améliore sa performance. Prenez votre temps et les leçons ne durent quelques minutes pour l'aider à aimer ce nouveau jeu.

Il est alors temps d'introduire dans l'exercice une vrai corde à danser sur laquelle vous attachez le bâton avec du ruban adhésif. Fixez un bout de la corde au mur. Vous recommencez à exécuter des rotations avec la corde-bâton. Comme il est habituez de voir arrivé le bâton, il va sauter. Il peut manquer son coup assez souvent. Ce n'est pas grave, on recommence en le motivant « Saute, beau chien ».

Ensuite, délaissez la table de travail. Aidé par une autre personne, autant que possible toujours la même, étendez la corde qui est tenu aux deux extrémités et demandez au chien de sauter en commençant à tourner toujours dans le même sens. Continuez à répéter l'exercice sur le sol où vous aurez pris soin de placer un petit tapis pour délimiter le plancher de danse. Il apprendra à se placer dessus correctement. Il maîtrisera son saut tout en regardant arriver la corde.

En pratiquant et en le motivant chaque fois qu'il réussi par un « Saute! » suivi d'un « Beau chien! », il fera de plus en plus de sauts consécutifs en suivant le mouvement continu de la corde. C'est ensuite le temps de la finition. Fais-lui comprendre par des mots et des gestes qu'il doit toujours rester sur le tapis en dansant et non pas se promener partout sur le plancher.

Dans un spectacle, cette prouesse permet d'être très créatif : Vous arrivez en dansant le mieux possible de la corde et votre chien vous suit en boitant. Vous annoncez que vous allez donner la chance à votre chien de se reposer. Les gens seront déçus, ils se diront qu'ils le savaient déjà, que c'est impossible, un chien qui saute à la corde.

Vous le présentez ensuite comme le champion du saut à la corde et lancer un défi à l'auditoire; vous faites participer quelques spectateurs. Ensuite vous pouvez inviter votre chien à essayer de donner sa démonstration de son savoir-faire ; Vous surprenez le public avec cette prouesse de votre chien.

C'est une vision unique. Prenez des photos et filmez le spectacle. Vous en garderez d'excellents souvenirs.

Mesdames, messieurs, on applaudit le grand champion du saut à la corde.

26. SAVOIR ORGANISER UN SPECTACLE

Vous avez appris les différentes méthodes d'enseignement. Vous les pratiquez avec votre chien depuis plusieurs mois. Il est temps d'organiser un super spectacle. Pour quelqu'un qui n'en a jamais fait, cela peut apparaître comme un véritable défi, mais au fond, il est relativement aisé de monter un spectacle. Voici les différentes étapes à suivre pour organiser et mettre sur pied un spectacle mémorable.

DÉMARRER DU BON PIED

Il est essentiel d'élaborer d'abord un plan du spectacle, c'est-à-dire de dresser la liste des différentes activités prévues et d'établir un ordre de présentation. Il faut aussi se demander quel sera l'équipement nécessaire et le mettre dans une petite valise à cet effet. Il est certain qu'après avoir pris connaissances de plusieurs présentations décrites dans ce livre, vous êtes prêt à élaborer un super spectacle comprenant plusieurs petits tableaux pour donner une chance à votre chien de prendre une pause bien méritée pour ne pas trop se stresser et récupérer son énergie.

Après analyse de toutes les finesses que votre chien connaît, organisez votre spectacle en conséquence. Idéalement, vous découpez votre spectacle en plusieurs présentations d'une durée de cinq ou six minutes, au lieu de monter un spectacle continu d'une durée de vingt à soixante minutes.

Il s'agit d'inventer de petites représentations, ayant chacun un thème différent. Comme exemple : Un concours d'épellation. Le champion équilibriste. Notre vedette au jeu Olympique. Sauter à la corde. Le plus grand menteur me jure la vérité. Mon chien comprend douze langues. Jouer au cow-boy. Les dix sauts. La commère du village. Un spectacle de télépathie. Notre spécialiste distingue ses couleurs et ainsi de suite.

Vous pourrez refaire certains tours plus loin dans votre spectacle mais présentés de façon bien différente. Les gens seront encore plus éblouis. Dans les mois suivants, vous pourrez y insérer de nouvelles finesses tout nouvellement apprises.

UNE BONNE MISE EN SCÈNE

Le succès d'un spectacle repose surtout sur une savante mise en valeur des tours et prouesses. À cet égard, le texte, la démarche, la mise en scène et les effets sont des outils majeurs, que vous devez associer à une petite histoire captivante. Le résultat sera magique.

Il est certain qu'après avoir bien lu ce livre, vous êtes prêt à planifier un super spectacle. Comme un spectacle ne s'improvise pas, après l'avoir bien planifié, alors commenceront les répétitions, qui permettront notamment d'apporter des améliorations et de faire des ajustements par rapport au plan initial.

Vous pratiquez chaque partie de votre spectacle pendant quinze minutes avec l'animation humoristique requise et vous faites les apprentissages dans un ordre précis. Votre chien les fera par habitudes sans toutefois comprendre toute l'histoire.

Le chien apprendra et comprendra ensuite la mise en scène de chaque tableau. Votre chien les fera ensuite parfaitement par habitude. Puis vous faites une pause d'une heure.

Ce n'est qu'à la fin que vous regroupez les différents tableaux pour répéter l'ensemble du spectacle. Il est possible qu'à un certain moment le chien manifeste une certaine lassitude à cause du nombre des pratiques. N'insistez pas ; au contraire, il faut lui permettre de récupérer en lui accordant quelques jours de repos, après lesquels il va retrouver le goût de reprendre la scène.

Vous recommencez les répétitions du spectacle en lui démontrant comme toujours une énergie calme et positive pour lui faire sentir que vous êtes en contrôle et le chef de meute. Vous en profitez aussi pour obtenir de la finition et lui faire exécuter le spectacle dans sa suite logique.

Vous pourrez alors compléter l'apprentissage. Comme toujours, le stimulus numéro un sera les compliments. Les récompenses ne sont plus de mises depuis longtemps car voir un chien s'exécuter pour des friandises enlève beaucoup de charme au spectacle.

Il faut préparer plusieurs générales, c'est-à-dire des représentations qu'on donne devant quelques amis pour que votre chien et vous appreniez à travailler devant public sans céder aux distractions. Cela vous aidera aussi à voir les réactions du public et apporter les ajustements nécessaires à la mise en scène.

On a souvent répété que l'entraîneur doit être créatif pour réussir. Ajoutons qu'il faut maintenant se servir de son expérience acquise pour obtenir que l'animal exécute ce que vous attendez de lui. Il faut même arriver à penser comme lui en quelques sortes, à vous mettre dans sa peau. Pour cela, il faut bien connaître son caractère pour deviner ses points faibles, ses caprices pour obtenir de lui exactement le résultat escompté.

On ne devient pas non plus un maître entraîneur du jour au lendemain. Il faut seulement faire une pratique de 15 minutes par jour. Cela nécessite du temps et une bonne compréhension de la technique révolutionnaires et des méthodes d'entraînement apprises ; il faut également bien les suivre. Cependant, c'est un domaine ouvert à tous.

Lorsque vous obtiendrez un contrat de spectacle, vous recevrez les renseignements concrets qui vous informeront de la date, l'heure, le lieu, la durée et le nombre de représentations. Fort de ces informations, il vous revient de planifier le calendrier de préparation pour votre chien.

LES RÉPÉTITIONS AVANT LE SPECTACLE

Il faut faire deux ou trois répétitions de 15 minutes par jour si possible la semaine avant le spectacle et idéalement exécuter chaque petit tableau les uns à la suite des autres. Il faut vouloir réussir et cela exige de la continuité. Quelles que soient la qualité et la densité du travail avant ou durant un spectacle, cela restera insuffisant. Il y aura toujours des inattendues et des maladresses de votre part ou de votre chien. Surtout ne craignez pas ces erreurs. Elles sont source d'amélioration; sachez donc les rendre profitables. Il y a toujours une solution : n'arrêtez votre répétition générale pour des erreurs, prenez l'habitude d'apporter une petite modification présenté de manière humoristique et de continuer comme si rien ne s'était passé. Le public n'y prêtera guère attention.

Ne dévoile jamais la méthode et la technique d'enseignement de vos tours, vous risqueriez de banaliser les résultats atteints : votre chien et vous méritez mieux. N'écoutez surtout pas les gens négatifs qui pourraient essayer de vous ridiculiser ou vous dire que vous perdez votre temps avec ce passe-temps.

DEVENIR UN ACTEUR

Vous souhaitez donner des spectacles devant un public. Il faut être l'animateur de son spectacle car c'est un travail d'équipe. C'est un rôle que vous devez jouer vous-même. Alors il faut apprendre à se mettre dans la peau du personnage, tout comme un acteur. Il s'agit aussi de bien connaître son répertoire, y mettre de l'humour, faire participer le public, susciter et conserver l'attention de la salle, maintenir un bon rythme. Si vous avez le trac, le seul remède, c'est d'avoir de l'audace. Il faut se motiver et vouloir réussir. Faites-vous confiance ! Passez à l'action ! Vous réussirez !

Au début du spectacle, on offre aux spectateurs un numéro spectaculaire pour attirer leur attention, ensuite des numéros originaux, comiques et différents. Il faut toujours terminer une représentation avec un tour fabuleux, afin de laisser les gens sur une note drôle et distrayante pour qu'ils gardent un bon souvenir de vous.

Vous présentez le premier tableau de votre spectacle, puis vous prenez une pause bien méritée pour penser quelques instants à votre deuxième tableau et préparer les accessoires nécessaires. Il est important que votre chien puisse se rafraîchir, se détendre quelques minutes avant de recommencer. Il sera ainsi plus satisfait de performer, deviendra beaucoup moins stresser, aura moins le temps de se tanner et gardera mieux sa concentration.

N'annoncez jamais à l'avance le numéro que vous réaliserez. Tout d'abord, si vous ratez votre coup, vous pouvez toujours enchaîner avec un autre tour semblable dont la fin est différente. Ensuite, si l'effet final est connu, c'est moins intéressant et c'est pire encore si vous ratez.

Même si certaines prouesses ou finesses sont très courtes, ne les refaites surtout pas une seconde fois. Mieux vaut laisser votre public sur son appétit et son regard étonné que de refaire le tour et risquer de le manquer ou de laisser voir un défaut ignoré la première fois. Vous enlèveriez le charme et l'effet de surprise.

Il est préférable que votre spectacle soit fragmenté en plusieurs petites présentations courtes et intéressantes de cinq minutes qu'un seul spectacle long et ennuyant. Pendant une démonstration de savoir-faire, parlez le moins possible et laisser plutôt votre public réagir lui-même. N'oubliez pas que les spectateurs aiment les spectacles interactifs et certains être choisis comme volontaires. Alors, prenez une personne qui semble s'amuser et affiche des mimiques expressives. Après sa participation, remerciez-la et réclamez pour elle des applaudissements.

Affichez toujours une énergie calme et positive de chef de meute. Félicitez votre chien à la fin de chaque partie complétée. Même si la présentation ne se déroule pas parfaitement, montrez-lui votre bonne humeur pour le motiver à continuer

Votre allure générale, votre habillement et l'apparence de votre chien à autant d'importance que le numéro, tout le monde vous regarde. On vous prend pour des vedettes, à vous de jouer le grand jeu !

N'oubliez pas qu'un spectacle, tout comme la vie, est simplement une aventure pendant laquelle on essaie de faire de son possible tout en s'amusant. Relaxez, ce n'est qu'un passe-temps. Savourez ensuite votre succès. Grâce à votre bonne humeur, vous et votre chien serez très populaires.

LE JOUR MÊME

Préparez une petite routine pour ne rien oublier le jour du spectacle et pour vous assurer que vous maîtriser l'ensemble des conditions dans lesquelles la représentation se déroulera.

Parmi les éléments à retenir pour cette routine, à amener tout son équipement dans une petite valise, à lui faire prendre l'air à l'extérieur une vingtaine de minutes avant le spectacle pour lui donner un peu d'eau, pour qu'il puisse se détendre et fasse ses besoins. Donnez-lui aussi une petite période de réchauffement de quelques minutes pour vérifier son état d'esprit, le conditionner à donner le maximum. Vous verrez s'il se sent nerveux, amorphe, anxieux. Ces indications vous aideront à savoir comment mieux le diriger et cela peut faire toute la différence.

Vérifiez toujours les conditions dans lesquelles vous travaillerez: le décor, la dimension de la scène, la position des spectateurs, l'éclairage, le système de son. Inspectez avec votre chien la disposition physique des lieux pour s'y sentir plus à l'aise et qu'il puisse prendre connaissance des différentes odeurs s'y dégageant pour ne pas se laisser distraire lors du spectacle.

Organisez-y une petite répétition quelques heures auparavant, si possible. Cette précaution vous permettra de présenter un meilleur spectacle, votre chien et vous connaîtrez déjà l'atmosphère y régnant.

ÊTRE MEMBRE D'UN CLUB

Puisque vous et votre chien formerez une équipe gagnante, il est certain que vous serez en demande pour donner des spectacles. La seule chose qui puisse vous arriver, c'est de vous faire de bons amis et d'accumuler d'inoubliables souvenirs.

C'est pourquoi faire partie d'un groupe qui partage vos intérêts, peut s'avérer fort utile. Vous serez à même d'obtenir de l'information pertinente et vous aurez l'occasion de faire de nouvelles connaissances. De plus, un club peut donner des sessions d'informations ou de démonstrations de toutes sortes pour promouvoir les nouvelles activités sportives canines, le tout donné lors d'expositions canines ou dans des centres commerciaux, des marchés aux puces, dans des apparitions à la télévision.

27. DES TOURS FANTASTIQUES

À force d'être très proche de votre chien, il en viendra à interpréter vos attitudes, vos gestes, vos mimiques, votre démarche. En résumé, votre chien apprendra à faire l'association entre votre démarche et l'ordre pensé. Ainsi, il pourra saisir ce que vous attendez de lui sans que vous le demandiez explicitement, et il s'exécutera parce qu'il veut vous plaire. S'il réussit, encouragez-le avec enthousiasme.

Ayant développé beaucoup plus de concentration, il observera vos agissements pour mieux vous comprendre car il aime bien être félicité et il a prit goût à cette activité. Votre chien exécute plusieurs finesses facilement et rapidement car il les déchiffre très bien.

De plus, c'est devenu amusant et il est beaucoup plus détendu car vous dégagez une énergie calme et positive. Il prendra goût à ce jeu d'observation et il sera encore plus attentif à vos attitudes corporelles.

Si vous avez remarqué qu'il anticipe certaines demandes de tours, commencez par lui enseigner l'apprentissage de cette discipline en pratiquant ces dernières. Comme il aime bien les exécuter, vous comprendrez plus rapidement vous aussi la façon de mieux vous y prendre.

De votre côté, analysez-vous, tentez de découvrir vous-même ou avec l'aide de quelqu'un, quelles sont vos attitudes, vos mimiques particulières lorsque vous répétez certaines prouesses avec votre chien. De cette manière, vous serez mieux en mesure de l'aider à vous comprendre et vous pourrez développer tout un nouveau système de signes secrets, beaucoup plus discrets et, pourtant, bien plus efficaces.

La télépathie en spectacles, c'est la méthode améliorée du langage par vos gestes corporels ou vos mouvements. Tous les tours exécutés par cette méthode doivent se dérouler de façon naturelle et une fois terminé, vous passez aussitôt à une autre demande, pour que les gens ne puissent y trouver une explication.

Durant un spectacle, ce sera une façon de mieux le diriger car parfois, sur scène, on ne peut parler ou effectuer le geste conventionnel. Ce que le public ne voit pas, est pourtant très visible pour votre chien: l'habitude d'une démarche précise de votre part pour un acte bien particulier lui donnera un message clair. Il déchiffrera votre démarche et exécutera votre demande.

Ce sera une autre méthode d'enseignement à votre crédit dont beaucoup d'autres entraîneurs ne pourront mettre à profit.

On ne saurait trop insister sur l'absolue nécessité d'y mettre du bon temps, de dégager de l'énergie positive et beaucoup d'affection car les chiens ressentent beaucoup plus que les humains les émotions.

Votre chien épatera le commun des mortels par son habilité à lire vos pensées. La télépathie est un langage amusant à développer.

COMPRENDRE PLUSIEURS LANGUES

C'est en quelque sorte le corollaire de l'habileté décrite ci-dessus. Enseignez à votre chien à répondre à des commandements connus en utilisant des mots de plusieurs langues et mêmes imaginaires. Dressez un tableau avec des mots représentant des commandements comme « Debout », « Assis », « Couche », « Rampe », « Mort », « Roule », etc.

Vantez-vous à l'assistance que votre chien est polyglotte, qu'il comprend douze langues. Demandez ensuite aux gens de regarder le premier mot au tableau : « debout ». Tout de suite après, dites à votre chien qui est assis à votre gauche : « Get up». Votre chien vous obéit à ces mots en langue anglaise. Pointez ensuite le deuxième mot; « Assis » sur le tableau et dites en espagnol « Sentado tú ». Votre chien se rassoit même si ce sont des mots inconnus pour bien du monde.

Enchaînez en disant que vous avez inventé un mot imaginaire : « Fling Flang », tout en désignant le prochain mot au tableau, et il se couchera. Tout le monde rigolera de ce mot imaginaire. Les spectateurs n'y ont vu que du feu et ils crient au génie. Puis dites : en allemand « Kriechen » et il rampera, en italien « Fa il morto » ou le mot préféré des cowboys « Bang» et il tombera à la renverse, mort, Il se mettra à rouler quand vous direz Bazoo. En anglais, Do you have a big pain. Cela veut dire As-tu un gros bobo. Il se mettra en boiter.

Cette mise en scène sera impressionnante. Vous aurez droit à des éloges. On vous applaudira !

Pour lui enseigner, servez-vous de la même méthode que pour le concours d'épellation et faites-lui un petit signe secret pour chacun des mots. Cela rendra cet apprentissage plus facile et rapide. Exemple pour les mots étrangers, si vous n'avez pas eu le temps de lui enseignez, vous faites en même temps votre signe secret.

Sur la scène, placez-vous pour que les gens ne vous voient pas passer vos signes secrets. Comme il ne comprend pas vos mots, il n'en tiendra pas compte, mais il a plutôt remarqué le mouvement que vous faites à chaque fois que vous lui demandez. Ça deviendra le geste-ordre corporel. Alors quand vous lui signifierez un mot du tableau, il exécutera votre pensée grâce à un geste ou une mimique particulière.

Vous pourrez même sortir votre dictionnaire de langues et lui enseigner les mots-ordres dans plusieurs langues différentes. Il suffira de pratiquer assez souvent pour qu'il s'en souvienne.

Pour remplacer les mots du tableau ayant deux syllabes, trouvez des mots si possibles à deux syllabes parce que c'est beaucoup plus facile à mémoriser pour votre chien. De plus, lorsque vous dites un mot en langue étrangère pour une autre demande lors de cette formation, il est important de garder votre ton de voix habituelle, calme et ferme. Cela rendra vos demandes plus obligatoires. Les possibilités sont infinies pour rendre ce petit spectacle des plus astucieux et séduisants.

Votre chien comprend douze langues. Impossible, mais vrai.

UN SPECTACLE DE TÉLÉPATHIE

Vous annoncez officiellement et majestueusement que votre chien et vous faites de la télépathie, ayant développé beaucoup de complicité. Qu'ils vont assister à une expérience de transmission de pensée incroyable ! Le coté humoristique de la présentation est bien important pour rendre le spectacle plus amusant.

Votre chien étant assis à coté de vous. Vous annoncez que vous lui donnerez plusieurs ordres par télépathie. Vous demandez le silence aux spectateurs pour que votre chien puisse se concentrer. « Mon chien, par le transfert des ondes cosmiques, fait ce que je te demande mentalement. »

Vous dites le nom du chien pour lui communiquer qu'il doit exécuter une demande. Le chien aussitôt fait le mouvement. Les gens seront estomaqués et l'applaudiront. Vous demandez alors au public de penser très fort au second mot pour faire opérer la télépathie et puis vous recommencez avec les autres mots inscrits sur le tableau.

Pour terminer, vous annoncez que vous venez de démontrer que votre chien est capable de télépathie. On l'applaudit !

Quelques mots pour vous dire qu'on peut broder beaucoup autour des gestes comme éléments déclencheurs de comportement. **Relisez le chapitre** : la vérité sur les signes secrets. Les exercices où le chien et la maitre se com prennent sans se parler peuvent donner lieu à une série de mises en scène possibles et amusantes. Parmi celles-ci, mentionnons le spectacle de transmission de pensée, qu'on peut présenter avec le chapeau de fakir, la nappe étoilée, la boule de cristal et l'éclairage tamisé.

Il s'agit d'avoir le même tableau que dans « un concours épellation » sur lequel sont inscrits les différents ordres et de les désigner un à un.

Cette fois, aucun mot n'est prononcé sauf son nom. Seuls vos gestes discrets pour donner l'ordre produisent les comportements souhaités de la part du chien. Il faut faire vos demandes de mouvements de façon naturelle et savoir passer de l'une à l'autre pour ne pas permettre au public de s'attarder trop longtemps et d'en trouver l'explication. Vous vous installez aussi de manière à ce que le public ne vous voit pas passer vos gestes-ordres corporels.

UN TOUR DE MAGIE

Pour produire encore plus d'effet, pourquoi ne pas monter un petit spectacle de magicien avec votre chien? Présentez vos tours de magie avec toute votre âme, en y insufflant un peu de votre personnalité. Mettez vos trucs en valeur par vos blagues et vos mimiques. Rappelez-vous qu'il faut savoir garder vos méthodes secrètes, confidentielles. Si vous prêtez ce livre à quelqu'un pour qu'il en regarde simplement le contenu sans être intéressé à ce passe-temps, sachez que vous enlèverez bien du charme à vos tours.

Il est démontré que les gens aimant les spectacles de chien, sont aussi attirés par la magie des cartes.

Alors, pourquoi ne pas combiner les deux passions dans un même spectacle? Le public sera épaté par ce nouveau duo vraiment différent. Voici le grand magicien et son super-chien, toute une nouveauté!

A titre d'exemple, prenons le tour suivant: Demandez à une personne de mélanger un jeu de cartes, puis de vous le remettre et de placer un foulard sur vos mains qui tiennent le jeu de cartes. Annoncez à tout le monde que votre chien, par ses pouvoirs magiques, fera sortir l'as de cœur du jeu de cartes. Votre chien s'avance, prend le foulard et le remet au spectateur.

Au grand étonnement de celui-ci, le foulard contient bien la bonne carte et il l'exhibe au public, tout déconcerté. Mais par quelle magie votre chien a-t-il pu choisir la bonne carte? Il faut le voir pour le croire. Incroyable! Une fois de plus, votre chien, le magicien, a prouvé que la patte est beaucoup plus rapide que l'œil.

En réalité, c'est vous qui avez placé cette carte dans le foulard : elle se trouvait dans votre manche. Vous vous êtes seulement assuré que votre chien la ramasse bien en même temps que le foulard.

LE LIVRE MAGIQUE DES MAGICIENS

Une autre finesse facile à exécuter et qui émerveille toujours les enfants. « Mes amis, voici le livre magique des magiciens. Pour vous le prouver nous avons ici un livre à colorier qui est complètement vide. Les pages sont toutes blanches.

Mon chien, par la magie qui t'a été transmise par tes ancêtres simplement en touchant le livre fait nous apparaitre des dessins à colorier.» Des dessins en noir et blanc apparaissent.

Puis vous demandez aux spectateurs de frotter leurs vêtements avec leurs mains et d'envoyer des pensées positive à votre chien pour l'aider et ajouter plein couleurs dans le livre. « Puis par les mots magiques, Acadabra Acadabra mon chien juste en touchant le livre, fait maintenant apparaitre des images en couleurs.» Tout le monde est sur le qui-vive. On l'applaudit !

« Pour terminer mon chien juste en touchant le livre fait tout disparaitre les dessins.» Il ne reste que des pages blanches.

Après cette performance, les enfants ne se poseront plus de questions, ils en viendront à la conclusion qu'effectivement votre chien fait de la magie. Quel magicien !

Votre chien, le magicien, n'aura qu'à se concentrer sur vos mots magiques et, en mettant sa patte sur le livre, il fera apparaître ou disparaître les dessins ou les couleurs. De la vraie magie!

Ce livre, vous le trouverez dans les boutiques spécialisées dans les tours de magie et laissez libre cours à votre imagination.

28. UN SPORT POPULAIRE ET FASCINANT

De plus en plus de propriétaires de chiens fréquentant les écoles canines voudraient simplement enseigner à leur animal l'obéissance de base et des petits tours amusants comme passe-temps ou pour faire partie d'un club de démonstration pour s'amuser en groupe.

Actuellement, de plus en plus d'écoles rendent enfin possible l'apprentissage des tours de spectacles et les différents sports canins (l'agilité, le flyball et les démonstrations musicales de style libre), les rendant ainsi encore plus populaires.

LES DÉMONSTRATIONS MUSICALES DE STYLE LIBRE

Un fascinant divertissement, un défi pour les chiens de race ou croisés à fait son apparition. Cette discipline prend rapidement beaucoup de popularité auprès des personnes qui ont déjà enseignés beaucoup de finesses et de fantaisies à leur chien. En prenant part à ce nouveau sport de genre participe-action, tout le monde s'amuse : les chiens, les maîtres et les spectateurs.

Il s'agit d'organiser une démonstration dans laquelle vous révélez, en faisant exécuter à votre chien tous les exercices d'obéissance appris, les prouesses, les tours et les figures variées qu'il connaît. Tout doit se dérouler de la façon la plus spectaculaire qui soit. Les mouvements sont illimités. Si votre chien a beaucoup d'énergie et connaît plusieurs fantaisies, peut-être que ce sport serait l'idéal pour vous et lui.

Qui vous dit que vous ne deviendrez pas des superstars à ce nouveau sport?

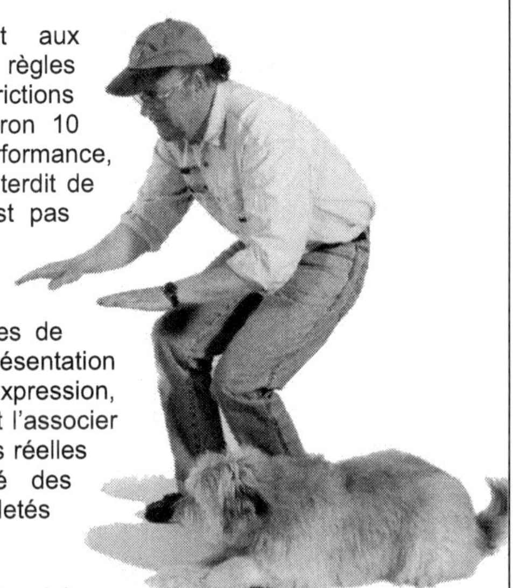

Cet exercice ressemble grandement aux compétitions de patinage artistique. Les règles s'appuient sur les mêmes principes. Les restrictions appliquées ont trait à l'espace utilisé, environ 10 mètres sur 25 mètres, et à la durée de la performance, soit de trois à six minutes ; de plus, il est interdit de donner de la nourriture au chien et il n'est pas permis de le corriger.

La performance des chiens et de leurs entraîneurs est jugée à partir de deux séries de critères : le caractère technique et la présentation artistique. Il y a beaucoup de liberté dans l'expression, les mouvements et l'imagination. On pourrait l'associer au patinage en couple, style libre. Les seules réelles limites de cet exercice sont la sécurité des participants et des chiens et les habiletés physiques de ces derniers.

Pour rendre l'exercice encore plus spectaculaire, on trouve un thème et on y ajoute de la musique, des costumes, des éclairages et même une chorégraphie originale destinée à mettre en relief les aptitudes des chiens.

Pour bien réussir, votre chien doit savoir répondre aux différents stimuli que sont le langage du corps, les commandements verbaux ou manuels, ainsi que les signes secrets.

Les démonstrations musicales de style libre permettent de partager des moments exceptionnels avec son compagnon qui ne demande qu'à prendre du plaisir avec son maître.

29. DES FANTAISIES SOPHISTIQUÉES

Au début de l'apprentissage d'une étonnante fantaisie, il faut exagérer, motiver et répéter souvent les ordres visuels ou verbaux. Chacune des étapes doit être soigneusement pratiquée et, à la fin de plusieurs répétitions de quinze minutes, votre chien saura reconnaître la mise en scène. Avec le temps, il l'exécutera à merveille par plaisir.

Plus le degré de difficulté s'accroît, plus il faut que les bases de l'apprentissage soient solides et bien intégrées par le chien. Elles constituent d'une certaine manière les fondations sur lesquelles vous pourrez construire des exercices de plus en plus ardus, des succès plus éclatants.

Au fond, les premiers gages de réussite restent toujours la passion, la persévérance, la répétition et l'encouragement. De plus, il est important de dégager une énergie calme, ferme et positive pour faire sentir à votre chien que vous êtes un chef de meute en contrôle de votre savoir-faire.

UN VRAI BOUFFON

Débutez votre numéro en vous adressant à votre assistance de la façon suivante : « Mon chien, un super athlète, accomplira une cascade drôlement impressionnante, du jamais vu. »

Montrez à votre chien le cerceau qui est au-dessus de votre tête et invitez-le à accomplir sa super cascade « Une super cascade ». Il vous regarde et fait des bye-bye. Vous lui demandez de vous écouter et non de vous faire des bye-bye. Puis par des ordres par signes secrets, il se couche. Vous lui dites que les gens vont rire d'eux. Il se met à ramper. Vous lui dites d'arrêter de faire le bouffon. Il fait le mort. Vous lui dites qu'il est certainement en train de rire de vous, il se met à rouler. Vous lui demandez de se relever et dites-lui alors : « Ok, monsieur le bouffon. On va rendre cela plus facile, mais arrête de me narguer. Viens Saute. » Baissez le cerceau et votre chien arrivera à la course pour accomplir un bond dans le cerceau. Puis vous pouvez enchaîner avec les *Dix sauts divertissants.*

On aura tout vu !

Comment votre chien s'y prend-il pour être si drôle? Vous l'avez deviné. Une partie se déroule par des phrases qu'il ne comprend pas. Mais les vrais ordres, vous les transmettez par des signaux corporels de la main droite. Au fur et à mesure, effectuez dans les pratiques les petites actions qui s'imposent. De plus, vous vous placez de manière pour que le public ne vous aperçoit pas donner vos ordres gestuels.

Pour la super cascade, il s'agit tout simplement de vous amuser ensemble en combinant un mot et une action connue. Ce principe est assez simple à inculquer. Il suffit de lui enseigner le synonyme d'un mot qui correspond à un tour connu. Demandez-lui d'accomplir une super cascade (un bye-bye) en lui montrant le cerceau que vous tenez d'une main. Dans votre démarche, faites en même temps le signe secret correspondant à *bye-bye* du bout des doigts de l'autre main pour le motiver encore plus. Par votre enthousiasme, faites comprendre à votre chien que c'est réellement ce que vos désirez. Il apprendra la démarche par cœur facilement.

Pratiquez souvent la même mise en scène en utilisant les mêmes phrases, les mêmes signes et le même enchaînement que vous avez noté sur votre liste à suivre. Au fur et à mesure, effectuez les petites corrections qui s'imposent. Les mises en situation sont illimitées.

Une imagination fertile et la passion du jeu sont la clé du succès !

UNE DANSE EN LIGNE

Puisque les danses en ligne sont très populaires dans les soirées, il est bien normal que votre chien puisse lui aussi démontrer son savoir-faire pour amuser la collectivité. Tout le monde en place! Choisissez une musique populaire, country ou classique.

Vous annoncez à votre public que vous allez faire une danse de ligne intitulée : « Mon imitateur aime bien m'imiter. » Tout le monde peut se faire une idée d'un spectacle de danse en ligne. Pour obtenir de votre chien qu'il imite vos mouvements tout en suivant le rythme de la musique et qu'il les exécute en même temps que vous, vous devrez lui répéter souvent quoi faire en lui montrant et en utilisant le renforcement gestuel et verbal. Servez-vous toujours du même air de musique et exécutez toujours la même suite de pas de danse pour que cela devienne un automatisme pour lui.

Ce genre de spectacle même s'il ne dure que quelques minutes va éblouir le public par son originalité.

Vérifiez sur votre liste de travail tout ce qu'il a déjà appris et que vous pourriez incorporer dans cette danse. Regardez autour de vous et inspirez-vous des prouesses connues que vous pourrez intégrer à l'une ou l'autre situation dans un spectacle.

Qui dit que vous ne pourrez pas ouvrir votre propre école de danse?

UNE PIÈCE DE THÉÂTRE

Il s'agit d'inventer une pièce de théâtre de plusieurs actes de cinq minutes à partir de tours, de finesses et de prouesses d'adresse que votre chien connaît et aime effectuer. Cette forme de présentation est beaucoup plus amusante et captivante à voir en spectacle, que simplement démontrer que votre chien sait faire ceci ou cela. Laissez aller votre imagination.

À partir du texte que vous aurez élaboré, Il s'agit de vous faire une liste des tours déjà connus qui seront dans cette pièce. Vous pourrez enseigner cette nouvelle comédie à votre chien à l'aide de mots-ordres, de gestes et de signes secrets en respectant l'ordre des exercices d'une séance à l'autre.

Quelques bonnes répétitions de quinze minutes combinées à votre expérience et tout est dans le sac!

Voici à quoi pourrait ressembler la présentation finale.

«Mon chien est un vrai rapporteur et il aime bien lire le journal pour voir les dernières nouvelles. Mon chien, va me chercher le journal.»
Le chien va chercher le journal, vous l'ouvrez et il met une patte dessus.

«On annonce une épidémie, ou as-tu mal ?»
Il s'assit et lève la patte.

«Tu ressens déjà un gros bobo?»
Il vous suit et se met à boiter.

«Tu ne pourras pas donner ton spectacle. Es-tu gêné?»
Il prend l'air gêné.

«Tu sembles étourdi? La tête te tourne?»
Il fait quelques tourniquets sur lui même.

«Atchoum! Je pense que vais être malade, moi aussi.»
Vous toussez pour mettre de l'ambiance. Il va vous chercher un mouchoir. Vous faites semblant de vous moucher.

«Tu vas t'évanouir?»
Il feint de s'évanouir. Il fait le mort... Il faut lui donner les premiers soins.

Puis vous enchainez en lui pompant la queue et demandez aux spectateurs si c'est la bonne manière. Ils font de grands signes que non. Alors vous lui prenez les pattes de derrière et effectuer des gestes de va et viens pour lui envoyer de l'air dans les poumons.

Votre chien continuera donc à faire le mort jusqu'à ce que vous lui parliez de venir lui donner le bouche-à-bouche. Au même moment, penchez-vous vers lui, dites : « OK! J'y vais ! » et claquez des doigts. Le chien comprend alors que c'est terminé et qu'il peut se relever.

Quand il est sur pied, dites aux spectateurs que vous allez prendre quelques minutes pour qu'il puisse se reposer avant de continuer son spectacle.

Puis, vous demandez aux spectateurs s'il pourra poursuivre son spectacle. Vous demandez de l'applaudir bien fort pour lui donner la force de recommencer.

«Viens faire ta prière pour que tout aille bien.»
Il prend la pose...Vous priez avec lui.

«Que ceux qui veulent le garder lèvent la main! Bon, on va avoir le résultat du vote.
As-tu peur?»
Il fait comme s'il avait peur.
Le téléphone sonne. Il va décrocher et vous apporte le combiné.

«C'est une demande spéciale pour toi. Montre-nous ton sens de l'équilibre.»
Vous lui lancez une balle et lui faites accomplir une démonstration d'équilibriste des plus grandioses.

«Voilà, c'est terminé. Fais une belle révérence.»
Il fait une révérence en même temps que vous.

«À la prochaine. Fait un beau Bye Bye à tout le monde.»
Il salue de la patte.

Si vous présentez votre spectacle d'une façon aussi originale, votre chien passera pour un génie et vous, pour l'expert entraîneur par excellence.

30. DISTINGUER LES OBJETS ET LES RAPPORTER

Pour attendre ce degré supérieur dans la capacité de rapporter des objets spécifiques durant le spectacle, il faut enseigner à votre chien à les reconnaître de deux façons différentes : par le nom et par l'odeur. Pour cet apprentissage, il faut déjà être un entraîneur d'expérience et que votre chien ait une relation de confiance avec vous. Certaines races de chiens ont plus d'aptitudes pour ce genre d'exercice. Je vous suggère de vous inscrire dans une école canine pour connaître ces techniques plus avancées et rencontrer des gens qui ont la même passion que vous.

LE RAPPORT PAR LE NOM

Chaque fois que votre chien joue avec un objet, mentionnez-lui toujours le nom de l'objet en question, pour qu'il fasse le lien. Commencez par placer un seul objet par terre et demandez au chien d'aller le chercher plusieurs fois de suite, en répétant toujours le nom de l'article. Refaites le même exercice pour plusieurs objets à tour de rôle, mais un seul à la fois et plusieurs jours de suite.

Ensuite, déposez deux objets par terre à un mètre de distance l'un de l'autre et demandez à votre chien d'aller en chercher un. Par exemple, placez une balle et un bâton et demandez-lui d'aller chercher la balle quelques fois en disant : « Apporte la balle. » Disposez les deux articles toujours de la même façon. S'il ne comprend pas votre manège, désignez-lui la balle du doigt. Encouragez-le à la prendre. S'il la saisit complimentez-le avec ardeur pour lui démontrer qu'il se passe quelque chose d'important.

Quand le chien réussit à tout coup à prendre et à apporter le bon objet, apprenez-lui à apporter le second objet. C'est seulement quand il apporte toujours l'article demandé qu'on peut commencer à inverser la disposition et à les demander à tour de rôle.

Une fois cette étape réussie, gardez l'un des deux objets connus et remplacez le second par un nouvel article, un gant par exemple.

Recommencez le manège depuis le début, en n'oubliant jamais de désigner l'objet par son nom à chaque commandement. Complimentez votre chien à chaque succès. Remarquez ici que lorsque votre chien se trompe, vous devez lui dire sur un ton calme et ferme : « Pas ça! », mais surtout pas un « Non! » car cela signifie d'arrêter son mouvement, son action et ce n'est pas le but. De plus, cela ne lui enlèvera pas la motivation de vouloir rapporter l'objet. Il restera ensuite à augmenter graduellement le nombre d'objets jusqu'à trois et jusqu'à ce que le chien réussisse l'exercice à tout coup. Ici, l'évaluation ne se mesure pas au pourcentage de succès mais bien en termes de succès ou d'échec et la tolérance à l'échec est nulle. Complétez l'apprentissage en augmentant peu à peu la distance à laquelle vous déposez les objets.

Cet exercice est un parfait exemple du processus d'apprentissage par étapes. On peut aisément constater que cela suppose une bonne dose de constance et beaucoup de rigueur. Votre chien passe l'examen final ! Alors, il vient de gravir un échelon, de simple rapporteur à rapporteur professionnel. Vous de simple entraineur à entraîneur expert. Ce sera utile pour bien des situations de spectacle ou de sports.

LE RAPPORT PAR L'ODEUR

D'exercice en exercice, on est arrivé petit à petit à ce que l'on pourrait appeler les ligues majeures. En effet, les activités dont nous parlons maintenant peuvent prendre plusieurs semaines, voire plusieurs mois, avant d'être réussies à la perfection.

Peut-être ne serez-vous pas surpris d'apprendre que la capacité de reconnaître un objet est un truc relativement facile. Pour un chien, en effet, cela peut sembler aller de soi, mais ne vous méprenez pas, c'est une habileté longue à inculquer. Voici comme s'y prendre.

Choisissez trois ou quatre objets que votre chien rapporte facilement et qui n'absorbent pas trop les odeurs : un haltère, par exemple, ou un jouet feront l'affaire. Lavez bien ces objets au savon et, à compter de ce moment, prenez toutes les précautions requises en les manipulant pour qu'ils ne prennent aucune odeur trop évidente : portez des gants, transportez-les avec des pinces dans un récipient bien propre, placez-les sur un tapis que vous laverez régulièrement, etc.

Prenez l'un de ces objets et couplez-le avec un autre semblable, par exemple deux haltères. Manipulez le premier comme il est décrit ci-dessus. Quant au second, frottez-le vigoureusement dans vos mains pour y imprégner votre odeur ; ensuite, laissez-le à votre chien pour qu'il joue avec et qu'il y imprègne son odeur à son tour. Habituez-le ensuite à vos rapporter l'objet odoriférant en lui faisant bien flairer vos mains, en lui commandant : « Cherche le bon » et en suivant le même mode d'apprentissage que celui employé pour la reconnaissance par les noms.

Normalement, vous verrez qu'il reniflera pour retrouver l'objet avec l'odeur dès les premières fois. Comme toujours, faites-en un divertissement. S'il a touché par mégarde à l'article sans odeur, changez-le et recommencez.

Vous retournez ensuite à votre chien, lui faites sentir vos mains et lui commandez : « Va chercher le bon. » Servez-vous de la même démarche que pour le rapport par le nom sauf que, ici, c'est l'odeur qu'il doit retrouver. S'il se dirige vers le bon objet, encouragez-le et faite-le-lui ramener. S'il va vers l'objet sans odeurs, dites-lui : « Pas ça! » d'un ton assuré. Il constatera qu'il est incapable de le soulever car vous l'aurez fixé au tapis avec un bout de broche.

Ne laissez pas votre chien courir partout sur le terrain. Pour être certains qu'il y ait toujours deux odeurs sur l'objet à rapporter, en plus de féliciter votre chien, flattez-le aussi.

Lavez les articles, vos gants et la chaudière à chaque pratique. N'oubliez pas de rendre les séances intéressantes pour que votre animal apprenne à travailler plus rapidement.

Pour l'examen final, il est maintenant temps de pratiquer dans différents endroits déjà pistés mais où l'on retrouve peu d'odeurs. Si votre chien n'opère pas à votre rythme, mieux vaut prendre quelques semaines de plus pour lui enseigner de façon agréable que de le stresser en l'abaissant et en essayant d'aller trop vite. Vous verrez avec le temps comme votre chien deviendra habile !

Pour l'étape suivante, fixez les articles sans odeur par terre ou sur le tapis. Si le chien fait erreur, en plus du renforcement verbal « Pas ça », il se rendra compte de son incapacité à déplacer l'objet.

À partir du moment où le chien réussi bien, augmentez peu à peu le nombre d'objet sans odeur et laissez-les simplement sur le sol sans les attacher. Enfin, pour la dernière étape, frottez vigoureusement l'objet à trouver dans vos mains, mais sans laisser le chien y imprégner sa propre odeur : il lui devient plus difficile de le trouver, mais il y parviendra grâce à vos encouragements et à vos qualités de dresseur.

31. DES TOURS D'APTITUDE

Le chef de meute doit envoyer un message calme et ferme pour être en contrôle pour se faire obéir. Le chien veut juste percevoir notre énergie positive, pas nous entendre répéter constamment les mêmes phrases. Avoir du leadership et faire figure d'autorité est important pour une bonne éducation et un apprentissage de qualité.

Les séances de travail doivent prendre l'allure d'un jeu. Évitez la routine, donnez du rythme, soyez enthousiaste, soyez détendu et terminez chaque séance par un exercice que votre chien aime exécuter. S'il développe le goût d'apprendre, il évoluera plus facilement et rapidement. Il vous appartient de trouver les moyens de l'amuser et de l'intéresser à ce passe temps.

RÉAGIR AU NOM DES OBJETS

Déclarez à votre public que ce chien est très intelligent. Que même si cela semble impossible, il reconnaît une foule d'articles par leur nom. Bien encadré, votre animal saura qu'il doit vous donner satisfaction pour les actes qu'il connaît et essayer de comprendre les autres. C'est très plaisant de pouvoir dire à son chien d'aller chercher une balle mais si, en cours de route, vous lui dites que vous préférez le porte-clés et qu'il s'exécute à perfection, cela démontre à quel point vous avez su développer sa concentration au travail. « Encore bravo, mon chien! »

Une fois qu'il reconnaît les objets par leur nom, votre chien peut faire un pas de plus. Avec une bonne mise en scène, vous épaterez ses admirateurs en lui demandant d'aller chercher des objets un à un dans un ensemble. Il sera capable de comprendre une modification dans la commande et de rapporter le bon article.

Toutefois, répétons-le, les bons résultats restent liés à la bonne utilisation de la méthode, dont le fondement est de partir du connu pour aller vers l'inconnu : chaque nouveau tour est une extension d'un apprentissage antérieur.

Récapitulez sérieusement, faites figure d'autorité pour que le chien remplisse la demande. La confirmation de sa réussite ou de son échec doit être instantané pour qu'il fasse bien la relation.

CHOISIR LA BONNE BALLE

Vous avez découvert que votre chien et vous possédez un don surnaturel, celui de la télépathie, et qu'il y a de la communication directe entre vos deux esprits. Prouvez-le à vos spectateurs en réalisant la mise en scène suivante.

Placez trois balles bien lavées de même couleur et de même taille, mais portant des numéros différents dans un récipient. Vous le videz par terre dans un grand cerceau sans les toucher. Cachez la vue du chien d'un foulard ou placez-le pour qu'il ne voie pas le déroulement.

Demandez à un spectateur de choisir une seule balle et de la montrer au public, puis de vous la remettre; à votre tour, vous la remettez avec les autres. Demandez ensuite au chien de récupérer la bonne balle. Lorsque votre chien passe d'une balle à l'autre pour retrouver la bonne balle, demandez au public et à votre chien de se concentrer pour que vous puissiez lui transmettre par ondes cosmiques quel est le numéro de la bonne balle et où elle est. Quand il vous l'amène, exhibez-la au public pour que l'on voit bien le numéro. C'est un tour de télépathie exceptionnel. Tous seront ébahis.

Vous voulez aller encore plus loin dans votre perfectionnement? Rendez la chose encore plus spectaculaire en lui faisant trouver la bonne balle parmi plusieurs autres de tailles et de couleurs différentes.

Demandez à l'assistance de penser très fort à la bonne balle pour que les ondes cosmiques puissent se rendre à votre chien. C'est du jamais vu! Vous expliquez que vous ne savez pas pourquoi il sait faire de la télépathie, que cela fonctionne mais que c'est ainsi. C'est un don qu'il possède.

Dans les faits, vous exécutez un super rapport d'objet par l'odeur.

Si vous voulez que cela soit plus facile à comprendre pour votre chien, il s'agit de mettre trois odeurs sur la balle à détecter : la sienne, celle du spectateur et la vôtre. Pour cela, vous devez le flatter et lui laissez vous lécher les mains justes avant cette démonstration. Il s'est tellement développé une belle complicité entre vous et votre chien que tout est possible.

Votre chien a le potentiel nécessaire pour apprendre ce tour, mais il vous faudra avoir l'expérience et la patience nécessaire pour le lui enseigner.

Dans la vie, la récompense méritée n'est que le résultat des efforts donné!

TROUVER LE BON GOBELET

Un jeu pour chien intelligent. Ceci est l'adaptation d'un truc de magicien surnommé « Le jeu des gobelets ». Le magicien mêle les gobelets.

Vous l'avez deviné, vous annoncez au public que c'est votre chien qui va réaliser ce tour de passe-passe. Surprise! Votre chien devine l'endroit où se cache la balle, au grand étonnement de tous. Vous refaites la demande seulement une seconde fois. Puis vous demandez à un volontaire de retrouver où se cache la balle. Plus le magicien est astucieux et rapide, plus c'est difficile.

Votre chien sait bien exécuter le rapport par l'odeur, il apprendra ce tour assez rapidement. Munissez-vous d'un gobelet vide et posez-le à l'envers sur le sol. Faites asseoir votre chien. Pendant la préparation, sous l'œil de votre chien, avant de cacher la friandise en dessous du gobelet, lui mettre devant le nez et ensuite la mettre doucement en dessous du gobelet, pour qu'il voit bien et dites-lui : « Cherche! »

Dès que votre chien touche le gobelet avec son nez, soulevez-le et donnez-lui sa récompense. Ensuite, ajoutez deux gobelets à l'épreuve. Une astuce consiste à cacher une friandise toujours sous le même contenant pour ne pas répandre l'odeur. Ne donnez la friandise à votre chien que s'il trouve le gobelet qui la contient. Important : votre chien doit être capable d'attendre votre signal avant d'aller toucher le gobelet.

Au début, pour lui apprendre, déplacez lentement les contenants dans le même ordre ; plus tard, vous les mêlerez.

L'odeur agréable stimulera votre chien à rechercher le bon contenant et à assimiler ce jeu plus rapidement. Vous devez cependant avoir sa friandise préférée qui dégage beaucoup d'odeur. Faites que vous mains ne s'imbibent pas de cette odeur lorsque vous mêlerez les plats.

Après quelques jours de pratique quotidienne de quelques minutes, votre chien le fera à la perfection.

Maintenant, changez la friandise pour une balle que vous imbibée de la même senteur. La main est peut-être plus vite que l'œil du chien, mais non pas de son nez!

Certains diront que ce n'est pas honnête. N'oubliez pas que nous sommes dans le monde du spectacle, toutes les ruses sont bonnes.

Prenez de nouveaux gobelets ou lavez-les avant chaque pratique. Il est certain que l'odeur s'échappant du gobelet sera l'indice pour retrouver la balle car le chien à un odorat très développé et un bon sens d'observation. C'est un jeu créatif très connu mais toujours prodigieux car il tient du monde de la magie.

Au moment du spectacle, vous pourrez prendre les paris... mais ne pariez jamais contre votre chien, vous y perdriez assurément.

32. COMMENT EN FAIRE UNE VEDETTE DE SPECTACLE

Pour devenir une grande vedette, votre chien a besoin d'un professeur qui a l'esprit ouvert à toutes les nouvelles méthodes. Au-delà des tours proprement dits, il faut savoir réunir un ensemble de conditions favorables pour de meilleures performances. Parmi ces conditions, certaines relèvent des critères de sa race, d'autres de l'environnement dans lequel le chien vit quotidiennement : un chien bien traité, bien nourri, en forme et en santé, vivant dans une atmosphère chaleureuse, offrira de meilleurs résultats.

Par des pratiques d'entraînement courtes et positives, il développera avec vous une grande complicité. De plus, il faut dégager une énergie calme, ferme et positive pour envoyer le bon message à votre chien : Que vous êtes le chef de meute et en contrôle de vos moyens !

Il est important aussi de l'habituer au milieu du spectacle, avec ses caractéristiques physiques : une scène, des caméras, une régie sonore, des éclairages, des comédiens ou un animateur... Vous pouvez pour ainsi dire lui inculquer l'amour du métier, des applaudissements et du public.

Plusieurs conditions doivent être présentes pour qu'un chien devienne une véritable vedette, mais à la base, la présence d'un entraîneur de talent, imaginatif, patient, ouvert aux nouvelles méthodes d'apprentissage avec un chien ayant acquis par son tempérament et son caractère le plaisir de collaborer sur scène reste une condition sine qua non du succès.

UN PORTFOLIO EFFICACE

Pour soumettre efficacement la candidature de votre chien à des employeurs éventuels, vous devez agir comme son impresario. Montrez-lui un portfolio avec des photos et des vidéos qui le présentent en action.

Les demandes sont nombreuses pour les services de chiens savants. Les chiens sont les vedettes ou font partie intégrante de beaucoup de spectacles, de séries télévisées et de film au cinéma. Plusieurs sont figurants ou acteurs principaux dans des centaines d'annonces publicitaires.

Ne craignez pas de rencontrer des producteurs et de leur parler des prouesses de votre chien. Même si ses tours sont limités, peut-être que ceux qu'il connaît sont justement ceux dont on a besoin.

Faites-vous confiance. Passez à l'action. Il s'agit d'être au bon endroit au bon moment. Soyez persévérant, et surtout ne laisser personne vous enlever votre rêve...

Voyez la vie en couleurs pour enfin un jour réaliser votre rêve : faire de votre chien une vedette et vous un bon entraineur.

CONCLUSION

Nous espérons que ce livre vous aura permis de découvrir un passe-temps merveilleux où vous pourrez vous amuser avec votre chien en éprouvant un plaisir sans cesse renouvelé. C'est aussi un moyen de détente car vous oubliez vos préoccupations quotidiennes pendant quelques minutes.

Nous espérons que vous allez apprécier ma technique révolutionnaire 15-30-15 basée sur le leadership, la motivation, la douceur et l'enthousiasme. C'est une approche tendresse, positive et naturelle pour faire l'entrainement de votre chien, lui faire l'éducation des bonnes manières, lui apprendre rapidement et facilement des tours d'adresses, des prouesses amusantes, les comportements souhaitables, le tout dans une atmosphère de détente et de plaisir mutuel.

Cette technique tendresse peut se résumer par : Éduquer son chien tout en s'amusant. Cette méthode naturelle permet au maître et à toute la famille de participer à ces jeux éducatifs avec leur chien, au quotidien car plus qu'une technique d'entraînement, il s'agit d'un art de vivre avec son chien.

N'oubliez pas qu'on a toujours le chien qu'on mérite. Parlez-lui gentiment, prenez-en soin, démontrer-lui combien vous l'aimez, soyez démonstratif et à son écoute, et tout ira bien. Soyez toujours un bon chef de meute, votre chien ressentira votre énergie calme, ferme, positive et vous aurez ainsi un compagnon fidèle et dévoué qui vous aimera. Vous formerez une équipe gagnante et solide.

Peu importe le domaine, pour chacun de nous, la réussite réside dans l'enthousiasme et dans la passion. Faites votre possible, vous réussirez à être plus heureux et à obtenir le succès mérité.

Votre chien restera toujours un fidèle compagnon, un véritable partenaire. Il peut vous distraire, vous faire oublier vos préoccupations quotidiennes et vous apporter de grandes satisfactions. Bonne chance et bon succès... Souhaitons que votre chien devienne une vedette célèbre et vous, un entraîneur de renommé !

Bonjour à la prochaine !

Printed by Amazon Italia Logistica S.r.l.
Torrazza Piemonte (TO), Italy

15790294R00080